SIMSALABIM

Wörterbuch für Grundschulkinder

Karl Söhl

westermann

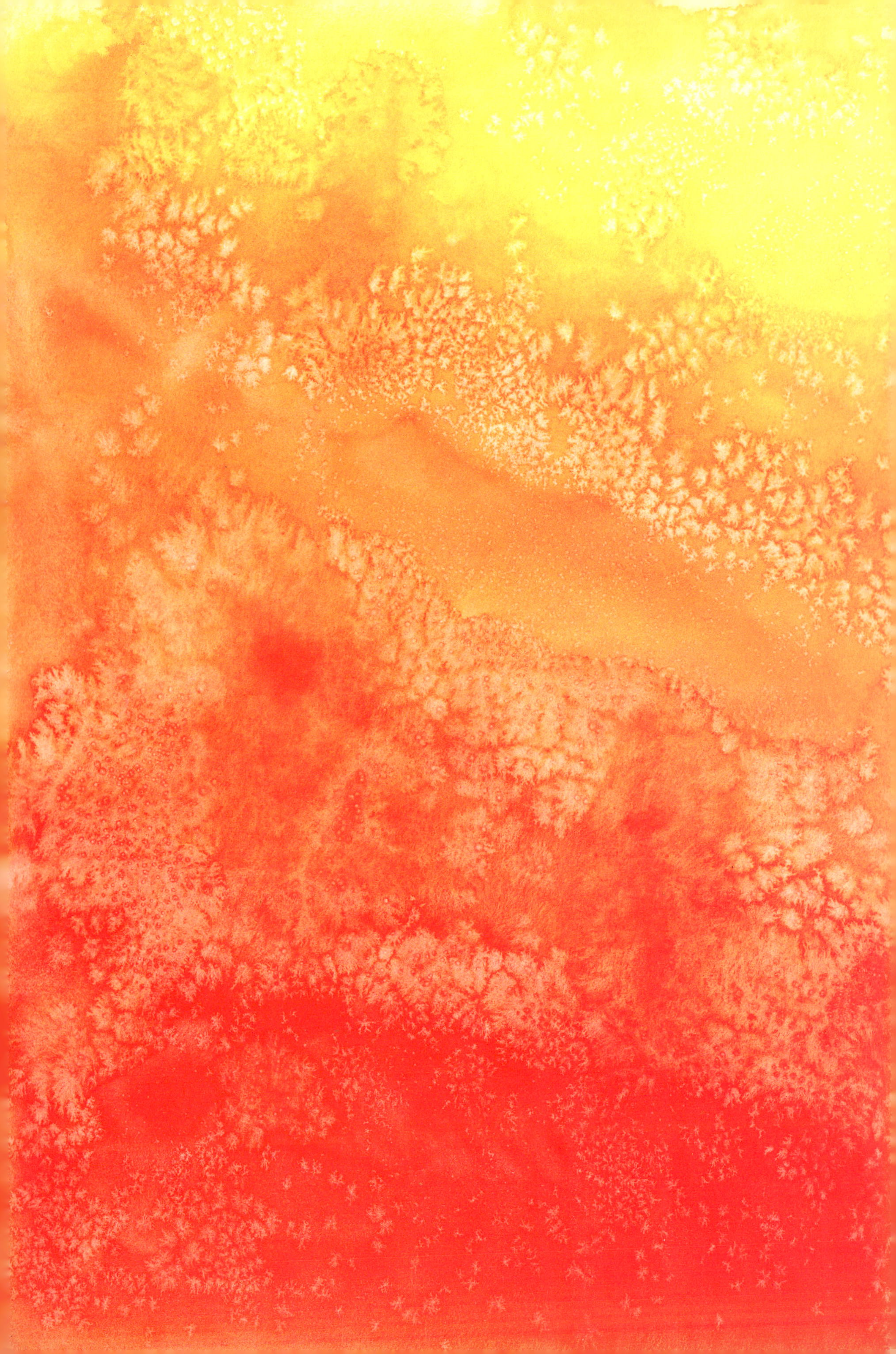

A a

der **Aal**, die Aale
der **Aasgeier**
ab
Ab
die **Abbildung**, die Abbildungen
das **Abblendlicht**
abbrechen,
er bricht ab, er brach ab
das **Abc**
der **Abend**, die Abende,
eines Abends, heute Abend
das **Abendbrot**
das **Abendessen**
abends
das **Abenteuer**, die Abenteuer
aber
abfahren,
du fährst ab, sie fuhr ab
die **Abfahrt**, die Abfahrten
der **Abfall**, die Abfälle
die **Abfallvermeidung**
abfliegen,
du fliegst ab, er flog ab
abgeben,
du gibst ab, sie gab ab
ab ge
abgehetzt
abgelenkt
abgemacht
abgucken, du guckst ab
der **Abhang**, die Abhänge
abholen, du holst ab
das **Abitur**
sich **abkühlen**, du kühlst dich ab
die **Abkürzung**, die Abkürzungen
abmachen,
du machst ab, er machte ab

abnehmen,
du nimmst ab, er nahm ab
abreisen, du reist ab
(aus dem Urlaub abreisen)
abreißen,
du reißt ab, er riss ab
(ein Kalenderblatt abreißen)
der **Absatz**, die Absätze
abschalten, du schaltest ab
abscheulich
der **Abschied**
abschließen,
du schließt ab, sie schloss ab
abschneiden,
du schneidest ab, er schnitt ab
abschreiben,
du schreibst ab, sie schrieb ab
abseits
absenden,
du sendest ab, er sandte ab
der **Absender**, die Absender
absichtlich
abspringen,
du springst ab, sie sprang ab
abspülen, du spülst ab
der **Abstand**, die Abstände
abstimmen,
du stimmst ab, er stimmte ab
abstürzen, du stürzt ab
das **Abteil**, die Abteile
abwärts
das **Abwasser**, die Abwässer
abwechseln, du wechselst ab
abwechselnd
abwehren, du wehrst ab
abzählen, du zählst ab
das **Abziehbild**, die Abziehbilder

A a

ach!
die **Achse**, die Achsen
die **Achsel**, die Achseln
acht, achtmal
achten, du achtest
die **Achterbahn**
Acht geben,
du gibst Acht, er gab Acht
achtzehn
achtzig
der **Acker**, die Äcker
die **Action** (sprich: *äkschn*)
addieren, du addierst
die **Addition**, die Additionen
ade
die **Ader**, die Adern
das **Adjektiv**, die Adjektive
der **Adler**, die Adler
adoptieren, du adoptierst
(ein Kind adoptieren)
die **Adresse**, die Adressen
die **Adria**
der **Advent**
die **Adventsfeier**
der **Affe**, die Affen
Afrika
der **Afrikaner**
die **Afrikanerin**
afrikanisch
die **AG** (Abkürzung für
Arbeitsgemeinschaft), die AGs
aggressiv
aha!
ahnen, du ahnst etwas
ähnlich
die **Ahnung**
der **Ahorn**, die Ahornbäume

die **Ähre**, die Ähren
das **Aids** (sprich: *eds*)
das **Akkordeon**, die Akkordeons
der **Akku**, die Akkus
der **Akkusativ**
der **Akrobat**
die **Akrobatin**
die **Aktion**, die Aktionen
aktiv
aktuell
der **Alarm**
alarmieren, du alarmierst
albern
das **Album**, die Alben
der **Alkohol**
alkoholfrei
Allah
alle, alles
die **Allee**, die Alleen
allein
allerdings
die **Allergie**, die Allergien
Allerheiligen
allerlei
allmählich
die **Alpen**
das **Alphabet**
alphabetisch
als
also
alt, älter, am ältesten
der **Altar**, die Altäre
das **Alter**
die **Alufolie**, die Alufolien
am
der **Amateur**, die Amateure
die **Ameise**, die Ameisen

A a

Amerika
der **Amerikaner**
die **Amerikanerin**
amerikanisch
die **Ampel**, die Ampeln
die **Amsel**, die Amseln
das **Amt**, die Ämter
sich **amüsieren**,
du amüsierst dich

an
An

die **Ananas**, die Ananas,
auch: die Ananasse
anbieten,
du bietest an, er bot an
der **Anblick**
anbrennen,
es brennt an, es brannte an
andächtig
andauernd
das **Andenken**, die Andenken
andere
ändern, du änderst
anders
aneinander
anfahren,
du fährst an, sie fuhr an
der **Anfall**, die Anfälle
der **Anfang**, die Anfänge
anfangen,
du fängst an, er fing an
anfangs
der **Anfangsbuchstabe**
anfassen, du fasst an
anfeuern, du feuerst an
angeben,
du gibst an, sie gab an

der **Angeber**, die Angeber
angeblich
das **Angebot**, die Angebote
die **Angel**, die Angeln
angeln, du angelst
angenehm
der **Angestellte**
die **Angestellte**
die **Angewohnheit**,
die Angewohnheiten
die **Angina**
angreifen,
du greifst an, sie griff an
der **Angriff**, die Angriffe
die **Angst**, die Ängste
ängstlich
angucken, du guckst an
anhalten,
du hältst an, er hielt an
der **Anhänger**, die Anhänger
anhänglich
der **Anker**, die Anker
ankommen,
du kommst an, sie kam an
ankreuzen, du kreuzt an
die **Ankunft**
die **Anlage**, die Anlagen
der **Anlauf**, die Anläufe
sich **anlehnen**, du lehnst dich an
anmalen, du malst an
sich **anmelden**, du meldest dich an
annehmen,
du nimmst an, er nahm an
die **Annonce**, die Annoncen
der **Anorak**, die Anoraks
der **Anruf**, die Anrufe
anrufen, du rufst an, sie rief an

A a

ansagen, du sagst an
der Ansager
die Ansagerin
anschauen, du schaust an
anscheinend
anschließend
der Anschluss, die Anschlüsse
sich anschnallen, du schnallst dich an
die Anschrift, die Anschriften
ansehen, du siehst an, er sah an
die Ansichtskarte
anständig
anstatt
sich anstecken, du steckst dich an
ansteckend
sich anstellen, du stellst dich an
sich anstrengen, du strengst dich an
anstrengend
der Anteil, die Anteile
die Antenne, die Antennen
der Antrag, die Anträge
die Antwort, die Antworten
antworten, du antwortest
anwenden, du wendest an, sie wandte an
anwesend
die Anzahl
die Anzeige, die Anzeigen
anziehen, du ziehst an, er zog an
der Anzug, die Anzüge
anzünden, du zündest an
der Apfel, die Äpfel
das Apfelmus
die Apfelsine, die Apfelsinen
die Apotheke, die Apotheken
der Apparat, die Apparate
der Appetit, guten Appetit
appetitlich
der Applaus
die Aprikose, die Aprikosen
der April
das Aquarium, die Aquarien
die Arbeit, die Arbeiten
arbeiten, du arbeitest
der Arbeiter
die Arbeiterin
arbeitslos
der Architekt
die Architektin
arg, ärger, am ärgsten
der Ärger, Ärger haben
ärgerlich
sich ärgern, du ärgerst dich
das Argument, die Argumente
arm, ärmer, am ärmsten
der Arm, die Arme
das Armaturenbrett
der Ärmel, die Ärmel
die Art, die Arten
artig
der Artikel, die Artikel
der Artist
die Artistin
die Arznei, die Arzneien
der Arzt, die Ärzte
die Ärztin, die Ärztinnen
die Asche
der Aschermittwoch
der Asiat

A a

die **Asiatin**
asiatisch
Asien
der **Asphalt**
er **aß** - essen
der **Ast**, die Äste
der **Astronaut**
die **Astronautin**
der **Asylbewerber**
die **Asylbewerberin**
der **Atem**
atemlos
der **Athlet**
die **Athletin**
der **Atlantik**,
der Atlantische Ozean
der **Atlas**, die Atlanten,
auch: die Atlasse
atmen, du atmest
das **Atom**, die Atome
das **Atomkraftwerk**
das **Attest**, die Atteste
au!
auch
[auf][ ]
[Auf][ ]
aufbewahren,
du bewahrst auf
aufdringlich
aufeinander
die **Auffahrt**, die Auffahrten
auffallen,
du fällst auf, er fiel auf
auffällig
auffordern, du forderst auf
die **Aufgabe**, die Aufgaben
der **Aufgang**, die Aufgänge
aufgehen,
sie geht auf, sie ging auf
[auf][ge][ ]
aufgeregt
aufgeweckt
aufhalten,
du hältst auf, er hielt auf
aufheben,
du hebst auf, sie hob auf
aufhören, du hörst auf
der **Aufkleber**, die Aufkleber
der **Auflauf**, die Aufläufe
aufmachen, du machst auf
aufmerksam
die **Aufnahme**, die Aufnahmen
die **Aufnahmeprüfung**
aufpassen, du passt auf
aufräumen, du räumst auf
aufregend
die **Aufregung**, die Aufregungen
aufsagen, du sagst auf
der **Aufsatz**, die Aufsätze
aufschlagen,
du schlägst auf, sie schlug auf
aufschließen,
du schließt auf, er schloss auf
der **Aufschnitt**
die **Aufsicht**
aufstehen,
du stehst auf, er stand auf
der **Auftrag**, die Aufträge
auftreten,
du trittst auf, sie trat auf
der **Auftritt**, die Auftritte
aufwachen, du wachst auf
der **Aufwand**
aufwärts

A a

aufwecken, du weckst auf
aufziehen,
du ziehst auf, er zog auf
der **Aufzug**, die Aufzüge
das **Auge**, die Augen
der **Augenblick**
die **Augenbraue**, die Augenbrauen
das **Augenlid**, die Augenlider
der **August**
die **Aula**, die Aulen,
auch: die Aulas

aus [ ]
Aus [ ]

ausbessern, du besserst aus
die **Ausbildung**, die Ausbildungen
ausbrechen,
du brichst aus, er brach aus
ausbreiten, du breitest aus
die **Ausdauer**
ausdauernd
der **Ausdruck**, die Ausdrücke
auseinander
der **Ausflug**, die Ausflüge
ausführlich
der **Ausgang**, die Ausgänge
ausgeben,
du gibst aus, er gab aus

aus ge [ ]

ausgefranst
ausgehen,
du gehst aus, sie ging aus
ausgerechnet
ausgezeichnet
aushalten,
du hältst aus, er hielt aus
aushecken, du heckst aus
aushöhlen, du höhlst aus

die **Auskunft**, die Auskünfte
auslachen, du lachst aus
das **Ausland**
der **Ausländer**
die **Ausländerin**
ausländisch
ausleihen,
du leihst aus, er lieh aus
auslöffeln, du löffelst aus
die **Ausnahme**, die Ausnahmen
ausnahmsweise
ausprobieren,
du probierst aus
der **Auspuff**, die Auspuffe
ausrechnen, du rechnest aus
die **Ausrede**, die Ausreden
ausreichend
der **Ausreißer**, die Ausreißer
der **Ausrufesatz**, die Ausrufesätze
das **Ausrufezeichen**
sich **ausruhen**, du ruhst dich aus
ausrutschen, du rutschst aus
der **Ausschlag**, die Ausschläge
außen
außer
außerdem
außerhalb
sich **äußern**, du äußerst dich
die **Aussicht**, die Aussichten
aussichtslos
aussteigen,
du steigst aus, sie stieg aus
die **Ausstellung**, die Ausstellungen
aussuchen, du suchst aus
Australien
der **Australier**
die **Australierin**

australisch
auswählen, er wählt aus
auswärts
der Ausweis, die Ausweise
auswendig
ausziehen,
du ziehst aus, er zog aus
das Auto, die Autos
die Autobahn
das Autogramm,
die Autogramme
der Automat, die Automaten
automatisch
autsch!
die Axt, die Äxte

A a

A

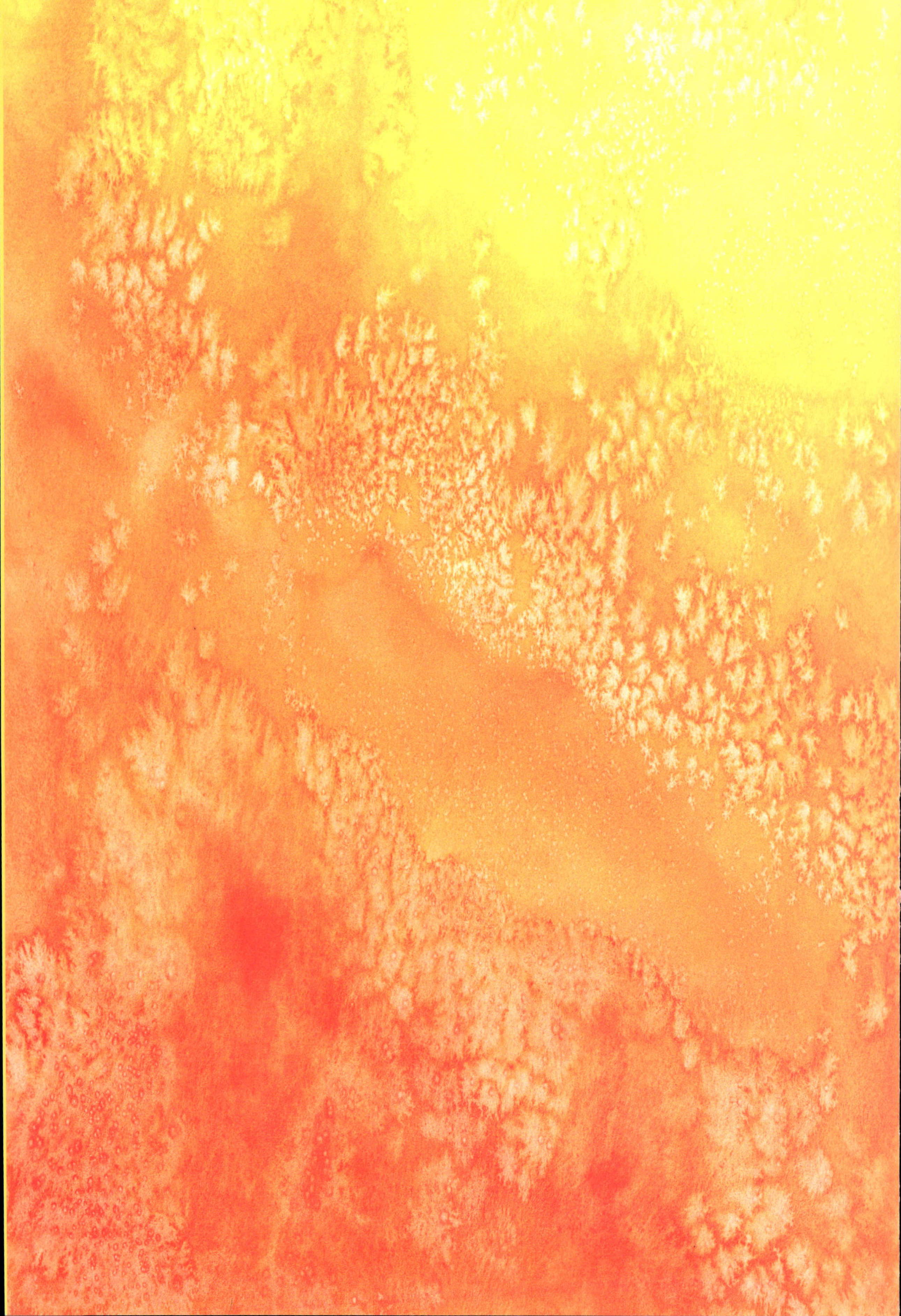

B b

A B

das **Baby** (sprich: *bebi*), die Babys
der **Bach**, die Bäche
die **Backe**, die Backen
backen, du backst, auch: du bäckst
der **Backenzahn**, die Backenzähne
der **Bäcker**
die **Bäckerei**, die Bäckereien
die **Bäckerin**
der **Backofen**, die Backöfen
das **Bad**, die Bäder
baden, du badest
Baden-Württemberg
die **Badewanne**
badisch
der **Bagger**, die Bagger
die **Bahn**, die Bahnen
der **Bahnhof**, die Bahnhöfe
der **Bahnsteig**, die Bahnsteige
die **Bahre**, die Bahren
die **Bakterie**, die Bakterien
balancieren, du balancierst
bald
sich **balgen**, du balgst dich
der **Balken**, die Balken
der **Balkon**, die Balkons, auch: die Balkone
der **Ball**, die Bälle
das **Ballett**
der **Ballon**, die Ballons, auch: die Ballone
die **Banane**, die Bananen
sie **band** - binden
der **Band**, die Bände (ein Band des Lexikons)
das **Band**, die Bänder (bunte Bänder)
die **Band** (sprich: *bänt*), die Bands (eine erfolgreiche Band)
die **Bande**, die Banden (eine schlimme Bande)
bang, auch: bange
die **Bank**, die Bänke (auf der Bank sitzen)
die **Bank**, die Banken (bei der Bank Geld holen)
bar
der **Bär**, die Bären
barfuß
das **Bargeld**
das **Barometer**, die Barometer
der **Barren**, die Barren
barsch
der **Bart**, die Bärte
der **Basar**, die Basare, auch: der Bazar
der **Basketball**, die Basketbälle
der **Bass**, die Bässe
basteln, du bastelst
er **bat** - bitten
die **Batterie**, die Batterien
der **Bauch**, die Bäuche
bauen, du baust
der **Bauer**, die Bauern
die **Bäuerin**, die Bäuerinnen
der **Baukasten**, die Baukästen
der **Baum**, die Bäume
der **Baumstamm**, die Baumstämme
die **Baumwolle**
der **Bauplatz**, die Bauplätze

B b

Bayern
bayerisch
der **Bazar**, die Bazare,
auch: der Basar
der **Bazillus**, die Bazillen

be
Be

beachten, du beachtest
der **Beamte**
die **Beamtin**
beantragen, du beantragst
beben, es bebt
der **Becher**, die Becher
das **Becken**, die Becken
bedächtig
sich **bedanken**, du bedankst dich
bedauern, du bedauerst
bedeuten, es bedeutet
bedeutend
die **Bedienung**, die Bedienungen
bedrohlich
das **Bedürfnis**, die Bedürfnisse
sich **beeilen**, du beeilst dich
beeindruckt
beenden, du beendest
die **Beerdigung**,
die Beerdigungen
die **Beere**, die Beeren
das **Beet**, die Beete
(Blumenbeet)
sie **befahl** - befehlen
er **befand sich** - sich befinden
der **Befehl**, die Befehle
befehlen,
du befiehlst, sie befahl
befestigen, du befestigst
du **befiehlst** - befehlen

sich **befinden**, du befindest dich,
er befand sich
befreundet
befriedigend
die **Befruchtung**
befürchten, du befürchtest
begabt
er **begann** - beginnen
begegnen, du begegnest
begeistert
der **Beginn**
beginnen,
du beginnst, er begann
begleiten, du begleitest
der **Begleiter**, die Begleiter
beglückwünschen,
du beglückwünschst
begonnen
begreifen,
du begreifst, sie begriff
sie **begriff** - begreifen
der **Begriff**, die Begriffe
begründen, du begründest
begrüßen, du begrüßt
behaart
behaglich
behalten,
du behältst, er behielt
der **Behälter**, die Behälter
du **behältst** - behalten
behandeln, du behandelst
die **Behandlung**,
die Behandlungen
beharrlich
behaupten, du behauptest
die **Behauptung**,
die Behauptungen

sich **beherrschen**,
du beherrschst dich
beherzt
er **behielt** - behalten
behilflich
behindern, du behinderst
behindert
die **Behinderung**,
die Behinderungen
behüten, du behütest
behutsam

bei
Bei

die **Beichte**, die Beichten
beichten, du beichtest
beide
beieinander
der **Beifahrer**
die **Beifahrerin**
der **Beifall**
beige (sprich: *beesch*)
das **Beil**, die Beile
das **Bein**, die Beine
beinah, auch: beinahe
beisammen
beiseite
das **Beispiel**, die Beispiele
(z.B. - zum Beispiel)
beißen, du beißt, er biss
sie **bekam** - bekommen
bekannt
bekleckern, er bekleckert
bekommen,
du bekommst, sie bekam
der **Belag**, die Beläge
beleidigen, du beleidigst
beleidigt

B b

die **Beleuchtung**,
die Beleuchtungen
Belgien
der **Belgier**
die **Belgierin**
belgisch
beliebt
bellen, er bellt
belohnen, du belohnst
die **Belohnung**,
die Belohnungen
bemalen, du bemalst
bemerken, du bemerkst
die **Bemerkung**,
die Bemerkungen
sich **bemühen**, du bemühst dich
benachrichtigen,
du benachrichtigst
er **benahm** sich -
sich benehmen
sich **benehmen**, du benimmst
dich, sie benahm sich
beneiden, du beneidest
der **Bengel**, die Bengel
du **benimmst** dich -
sich benehmen
benommen
benötigen, du benötigst
benutzen, du benutzt
das **Benzin**
beobachten, du beobachtest
bequem
beraten, du berätst, er beriet
du **berätst** - beraten
berechtigt
bereit
bereits

B b

bereuen, du bereust
der **Berg**, die Berge
bergab
bergauf
bergig
berichten, du berichtest
berichtigen, du berichtigst
er **beriet** - beraten
Berlin
der **Berliner**
die **Berlinerin**
berücksichtigen, du berücksichtigst
der **Beruf**, die Berufe
die **Berufsschule**
beruhigt
berühmt
berühren, du berührst
sie **besann** sich - sich besinnen
sie **besaß** - besitzen
beschädigen, du beschädigst
beschäftigen, du beschäftigst
der **Bescheid**, Bescheid sagen
bescheiden
die **Bescheinigung**, die Bescheinigungen
beschließen, du beschließt, sie beschloss
sie **beschloss** - beschließen
beschreiben, du beschreibst, er beschrieb
er **beschrieb** - beschreiben
beschuldigen, du beschuldigst

beschützen, du beschützt
sich **beschweren**, du beschwerst dich
der **Besen**, die Besen
besessen
besetzt
besichtigen, du besichtigst
besiegen, du besiegst
sich **besinnen**, du besinnst dich, sie besann sich
besitzen, du besitzt, sie besaß
besonders
besorgen, du besorgst
besser - gut
sie **bestand** - bestehen
bestanden
die **Bestätigung**, die Bestätigungen
das **Besteck**, die Bestecke
bestehen, du bestehst, sie bestand
bestellen, du bestellst
am **besten** - gut
die **Bestie**, die Bestien
bestimmen, du bestimmst
bestimmt
bestrafen, er bestraft
der **Bestseller**, die Bestseller
der **Besuch**, die Besuche
besuchen, du besuchst
betäubt
beten, du betest
der **Beton**
betonen, du betonst
betrachten, du betrachtest
der **Betrag**, die Beträge

B b

sich **betragen**, du beträgst dich, sie betrug sich
du **beträgst** dich - sich betragen
sie **betrat** - betreten
betreten, du betrittst, sie betrat
der **Betrieb**, die Betriebe
du **betrittst** - betreten
er **betrog** - betrügen
betrogen
sie **betrug sich** - sich betragen
betrügen, du betrügst, er betrog
das **Bett**, die Betten
die **Bettdecke**
betteln, er bettelt
das **Betttuch**, die Betttücher
die **Beule**, die Beulen
beurteilen, er beurteilt
die **Beute**
der **Beutel**, die Beutel
die **Bevölkerung**
bevor
bewachen, du bewachst
sie **bewarb** sich - sich bewerben
bewegen, du bewegst
beweglich
bewegt
beweisen, du beweist, er bewies
sich **bewerben**, du bewirbst dich, sie bewarb sich
die **Bewerbung**, die Bewerbungen

er **bewies** - beweisen
du **bewirbst** dich - sich bewerben
der **Bewohner**
die **Bewohnerin**
bewölkt
die **Bewölkung**
bewundern, du bewunderst
bewusst
bewusstlos
bezahlen, du bezahlst
die **Bibel**, die Bibeln
der **Biber**, die Biber
die **Bibliothek**, die Bibliotheken
biegen, du biegst, er bog
biegsam
die **Biene**, die Bienen
das **Bier**, die Biere
das **Biest**, die Biester
bieten, du bietest, sie bot
der **Bikini**, die Bikinis
das **Bild**, die Bilder
das **Bilderbuch**, die Bilderbücher
der **Bildschirm**
billig
ich **bin** - sein
binden, du bindest, er band
der **Bindestrich**
der **Bindfaden**, die Bindfäden
die **Biologie**
das **Biotop**, die Biotope
die **Birke**, die Birken
die **Birne**, die Birnen
bis
der **Bischof**, die Bischöfe
bisher

B b

der **Biss**, die Bisse
sie **biss** - beißen
ein **bisschen**
bissig
du **bist** - sein
das **Bit**, die Bits
bitte
die **Bitte**, die Bitten
bitten, du bittest, er bat
bitter
die **Blamage** (sprich: *blamaasche*)
sich **blamieren**, du blamierst dich
blank
blasen, du bläst, sie blies
blass
du **bläst** - blasen
das **Blatt**, die Blätter
blättern, du blätterst
der **Blätterteig**
blau
blauäugig
bläulich
das **Blaulicht**, die Blaulichter
das **Blech**, die Bleche
das **Blei**
bleiben, er bleibt, sie blieb
bleich
der **Bleistift**, die Bleistifte
die **Bleistiftmine**
der **Bleistiftspitzer**
blenden, es blendet
der **Blick**, die Blicke
blicken, du blickst
sie **blieb** - bleiben
sie **blies** - blasen
blind

der **Blinddarm**
blinken, es blinkt
das **Blinklicht**, die Blinklichter
blinzeln, du blinzelst
der **Blitz**, die Blitze
blitzen, es blitzt
blitzschnell
der **Block**, die Blöcke, auch: die Blocks
die **Blockflöte**, die Blockflöten
blöd
blond
bloß
blubbern, sie blubbert
blühen, es blüht
die **Blume**, die Blumen
die **Blumenerde**
der **Blumenstrauß**, die Blumensträuße
die **Bluse**, die Blusen
das **Blut**
die **Blüte**, die Blüten
bluten, du blutest
der **Blütenstaub**
der **Bob**, die Bobs
der **Bock**, die Böcke
bockig
der **Boden**, die Böden
das **Bodenturnen**
er **bog** - biegen
der **Bogen**, die Bogen, auch: die Bögen
die **Bohne**, die Bohnen
bohren, du bohrst
der **Bohrer**, die Bohrer
der **Boiler**, die Boiler
die **Boje**, die Bojen

B b

der **Bolzen**, die Bolzen
der **Bon**, die Bons
das **Bonbon**, auch: der Bonbon, die Bonbons
das **Boot**, die Boote
an **Bord** gehen
borgen, du borgst
die **Börse**, die Börsen
die **Borste**, die Borsten
böse
der **Boss**, die Bosse
sie **bot** - bieten
der **Bote**, die Boten
boxen, du boxt
er **brach** - brechen
sie **brachte** - bringen
der **Brand**, die Brände
Brandenburg
brandenburgisch
es **brannte** - brennen
braten, du brätst, sie briet
der **Braten**, die Braten
du **brätst** - braten
der **Brauch**, die Bräuche
brauchbar
brauchen, du brauchst
die **Brauerei**, die Brauereien
braun
die **Brause**, die Brausen
die **Braut**, die Bräute
der **Bräutigam**, die Bräutigame
brav
bravo
brechen, du brichst, er brach
der **Brei**, die Breie
breit

Bremen
die **Bremse**, die Bremsen
bremsen, du bremst
das **Bremslicht**
brennen, es brennt, es brannte
die **Brennnessel**, die Brennnesseln
das **Brett**, die Bretter
die **Brezel**, die Brezeln
du **brichst** - brechen
der **Brief**, die Briefe
der **Briefkasten**, die Briefkästen
die **Briefmarke**
sie **briet** - braten
die **Brille**, die Brillen
bringen, er bringt, sie brachte
die **Brise**, die Brisen (eine steife Brise)
der **Brocken**, die Brocken
die **Brombeere**, die Brombeeren
die **Bronzemedaille** (sprich: *bronsemedallje*)
das **Brot**, die Brote
das **Brötchen**, die Brötchen
der **Bruch**, die Brüche
die **Brücke**, die Brücken
das **Brückengeländer**
der **Bruder**, die Brüder
der **Brühwürfel**
brüllen, du brüllst
brummen, du brummst
der **Brunnen**, die Brunnen
die **Brust**, die Brüste

A
B

B b

Brust schwimmen
brutal
brüten, sie brütet
brutzeln, es brutzelt
der **Bub**, die Buben
das **Buch**, die Bücher
die **Buche**, die Buchen
die **Bücherei**, die Büchereien
die **Büchse**, die Büchsen
der **Buchstabe**, die Buchstaben
buchstabieren, du buchstabierst
die **Bucht**, die Buchten
der **Buckel**, die Buckel
sich **bücken**, du bückst dich
buddeln, du buddelst
die **Bude**, die Buden
der **Bug**
der **Bügel**, die Bügel
das **Bügeleisen**
bügeln, du bügelst
die **Bühne**, die Bühnen
die **Bulldogge**, die Bulldoggen (Hunderasse)
der **Bulle**, die Bullen
der **Bumerang**, die Bumerangs
bummeln, du bummelst
der **Bundeskanzler**
die **Bundesliga**
die **Bundesrepublik Deutschland**
die **Bundeswehr**
der **Bungalow** (sprich: *bungalo*), die Bungalows
bunt
die **Burg**, die Burgen
der **Bürger**
die **Bürgerin**
der **Bürgermeister**
die **Bürgermeisterin**
das **Büro**, die Büros
der **Bursche**, die Burschen
die **Bürste**, die Bürsten
bürsten, du bürstest
der **Bus**, die Busse
der **Busch**, die Büsche
buschig
der **Busen**, die Busen
der **Bussard**, die Bussarde
büßen, du büßt
die **Butter**
butterweich

C c

das **Cabrio**, die Cabrios,
auch: das Kabrio

das **Café**, die Cafés
(ins Café gehen)

die **Cafeteria**, die Cafeterias,
auch: die Cafeterien

campen, du campst

das **Camping**

der **Campingplatz**,
die Campingplätze

der **Caravan**, die Caravans

catchen (sprich: *kätschen*),
du catchst

die **CD**
(Abkürzung für Compact Disc)

der **CD-Player**, die CD-Player

Celsius

der **Cent**

der **Champignon**
(sprich: *schampinjon*),
die Champignons

der **Champion**
(sprich: *tschämpjen*),
die Champions

die **Chance** (sprich: *schangse*),
die Chancen

das **Chaos**

chaotisch

der **Chef**, die Chefs

die **Chefin**, die Chefinnen

die **Chemie**

chemisch

chic, auch: schick

China

der **Chinese**,

die **Chinesin**

chinesisch

der **Chip** (sprich: *tschip*),
die Chips

das **Chlor**

das **Chlorwasser**

der **Chor**, die Chöre

der **Christ**

der **Christbaum**,
die Christbäume

die **Christin**

das **Christkind**

christlich

circa, auch: zirka

die **City**, die Citys

clever

die **Clique** (sprich: *klike*),
die Cliquen

der **Clown** (sprich: *klaun*),
die Clowns

der **Club**, die Clubs

cm (Abkürzung für Zentimeter)

die **Cola**, auch: das Cola

die **Collage**, die Collagen

der **Colt**, die Colts

der **Comic**, die Comics

der **Computer**, die Computer

der **Container**, die Container

cool (sprich: *kuul*)

die **Cordhose**,
auch: die Kordhose

die **Cornflakes**

die **Couch** (sprich: *kautsch*),
die Couches,
auch: die Couchen

der **Count-down**
(sprich: *kauntdaun*)

der **Cousin** (sprich: *kusäng*),
die Cousins

A
B
C

C c

die **Cousine**, die Cousinen, auch: die Kusine

der **Cowboy** (sprich: *kauboi*), die Cowboys

die **Creme**, die Cremes, auch: die Krem oder die Kreme

das **Curry** (sprich: *körri*), auch: der Curry

die **Currywurst** (sprich: *körriwurst*), die Currywürste

D d

da
dabei
das **Dach**, die Dächer
das **Dachgeschoss**
die **Dachrinne**
der **Dachs**, die Dachse
sie **dachte** - denken
der **Dackel**, die Dackel
dadurch
dafür
dagegen
daheim
daher
dahin
dahinter
damals
die **Dame**, die Damen
das **Damespiel**
damit
dämlich
der **Damm**, die Dämme
der **Dampf**, die Dämpfe
der **Dampfer**, die Dampfer
die **Dampflokomotive**
danach
der **Däne**
daneben
Dänemark
die **Dänin**
dänisch
der **Dank**, vielen Dank
danke
danken, du dankst
(für ein Geschenk danken)
dann
daran, auch: dran
darauf, auch: drauf
daraus, auch: draus
du **darfst** - dürfen
darin, auch: drin
der **Darm**, die Därme
darstellen, sie stellt dar
darüber, auch: drüber
darum, auch: drum
darunter, auch: drunter
das (das Tier)
dass (Ich möchte, dass... .)
dasselbe, derselbe, dieselbe
die **Datei**, die Dateien
der **Dativ**
die **Dattel**, die Datteln
das **Datum**, die Daten
dauern, es dauert
dauernd
der **Daumen**, die Daumen
davon
davor
dazu
dazwischen
die **Decke**, die Decken
der **Deckel**, die Deckel
defekt
dehnen, du dehnst
der **Deich**, die Deiche
der **Deichbruch**
dein, deine, deiner,
deines
der **Delfin**, die Delfine
dem
demnächst
die **Demo**, die Demos
die **Demokratie**
demokratisch
die **Demonstration**

D d

demonstrieren, du demonstrierst
den
denken, du denkst, sie dachte
das **Denkmal**, die Denkmäler, auch: die Denkmale
denn
dennoch
der, des, dem, den
deren
derjenige, diejenige, dasjenige
derselbe, dieselbe, dasselbe
des
deshalb
dessen
desto
der **Detektiv**, die Detektive
deutlich
deutsch (sprechen)
Deutsch (das Fach Deutsch)
der **Deutsche**
die **Deutsche**
Deutschland
der **Dezember**
der **Dezimeter**, die Dezimeter
das **Dia**, die Dias
der **Dialekt**, die Dialekte
der **Diamant**, die Diamanten
die **Diät**, die Diäten
dich
dicht
dichten, du dichtest
der **Dichter**
die **Dichterin**
dick
der **Dickkopf**, die Dickköpfe
die
der **Dieb**, die Diebe
der **Diebstahl**, die Diebstähle
die **Diele**, die Dielen
dienen, du dienst
der **Dienst**, die Dienste
der **Dienstag**, die Dienstage
dienstags
dies, diese, dieser, dieses
der **Diesel**
dieselbe, dasselbe, derselbe
diesig
die **Differenz**, die Differenzen
das **Diktat**, die Diktate
diktieren, du diktierst
das **Ding**, die Dinge
der **Dinosaurier**
dir
direkt
der **Direktor**
die **Direktorin**
der **Dirigent**
die **Dirigentin**
das **Dirndl**, die Dirndl
die **Diskette**, die Disketten
die **Disko**, die Diskos, auch: die Disco, die Discos
die **Diskothek**, die Diskotheken
diskutieren, du diskutierst
die **Distel**, die Disteln
dividieren, du dividierst
die **Division**, die Divisionen
dm (Abkürzung für Dezimeter)

D d

doch

der **Docht**, die Dochte

der **Doktor**

die **Doktorin**

der **Dolch**, die Dolche

der **Dollar**, die Dollars

der **Dolmetscher**

die **Dolmetscherin**

der **Dom**, die Dome

das **Domino**, die Dominos

der **Dompteur**, die Dompteure

die **Dompteuse**, die Dompteusen

die **Donau**

der **Donner**, die Donner

donnern, es donnert

der **Donnerstag**, die Donnerstage

donnerstags

doof

das **Doping**

der **Doppelpunkt**

doppelt

das **Dorf**, die Dörfer

der **Dorn**, die Dornen

das **Dornröschen**

dort

die **Dose**, die Dosen

der **Dosenöffner**

der **Dotter**, auch: das Dotter, die Dotter

der **Drache**, die Drachen (Tier aus der Sagenwelt)

der **Drachen**, die Drachen (Flugdrachen)

der **Drachenflieger**

der **Draht**, die Drähte

die **Drahtseilbahn**

dran, auch: daran

drängeln, du drängelst

drängen, du drängst

draußen

der **Dreck**

dreckig

drehen, du drehst

drei, dreimal

das **Dreirad**, die Dreiräder

dreißig

dreizehn

dressieren, du dressierst

dribbeln, du dribbelst

der **Drilling**, die Drillinge

drin, auch: darin

dringend

drinnen

drittens

die **Droge**, die Drogen

die **Drogerie**, die Drogerien

drohen, du drohst

dröhnen, es dröhnt

drollig

das **Dromedar**, die Dromedare

der **Drops**, auch: das Drops, die Drops

die **Drossel**, die Drosseln

drüben

drüber, auch: darüber

der **Druck**

drucken, du druckst

drücken, du drückst

die **Druckerei**, die Druckereien

der **Druckfehler**

der **Druckknopf**, die Druckknöpfe

A B C D

D d

drunter, auch: darunter
der **Dschungel**, die Dschungel
du, dir, dich
der **Dübel**, die Dübel
sich **ducken**, du duckst dich
das **Duett**, die Duette
duften, es duftet
dumm, dümmer, am dümmsten
die **Dummheit**
dumpf
die **Düne**, die Dünen
düngen, du düngst
dunkel
dunkelhaarig
dünn
durch
durchaus
der **Durchblick**
durcheinander
die **Durchfahrt**
der **Durchfall**
durchhalten, du hältst durch, sie hielt durch
durchlässig
durchleuchten, du wirst durchleuchtet
der **Durchmesser**, die Durchmesser
durchqueren, du durchquerst
die **Durchsage**, die Durchsagen
durchschnittlich
durchsichtig
durchsuchen, du durchsuchst

dürfen, du darfst, er durfte
er **durfte** - dürfen
dürftig
dürr
der **Durst**
durstig
die **Dusche**, die Duschen
duschen, du duschst
das **Düsenflugzeug**
der **Düsenjäger**
düster
das **Dutzend**
dynamisch
das **Dynamit**
der **Dynamo**, die Dynamos
dz (Abkürzung für Doppelzentner)
der **D-Zug**, die D-Züge

die **Ebbe**
eben
die **Ebene**, die Ebenen
ebenfalls
ebenso
der **Eber**, die Eber
das **Echo**, die Echos
echt
die **Ecke**, die Ecken
eckig
edel
die **EDV** (Elektronische Datenverarbeitung)
der **Effekt**, die Effekte
egal
die **Egge**, die Eggen
der **Egoist**, die Egoisten
egoistisch
ehe
die **Ehe**, die Ehen
die **Eheleute**
die **Ehre**, die Ehren
das **Ehrenwort**
ehrgeizig
ehrlich
das **Ei**, die Eier
die **Eiche**, die Eichen
die **Eichel**, die Eicheln
das **Eichhörnchen**, die Eichhörnchen
die **Eidechse**, die Eidechsen
eifrig
eigen
eigenartig
eigensinnig
eigentlich
der **Eilbrief**, die Eilbriefe

E e

eilen, du eilst
eilig
der **Eimer**, die Eimer
ein □
Ein □
ein, eine, einer, eines
einander
einatmen, du atmest ein
die **Einbahnstraße**
der **Einband**, die Einbände
einbinden, du bindest ein, sie band ein
einbrechen, du brichst ein, er brach ein
der **Einbrecher**, die Einbrecher
eindeutig
der **Eindruck**, die Eindrücke
einfach
einfädeln, du fädelst ein
die **Einfahrt**, die Einfahrten
der **Einfall**, die Einfälle
das **Einfamilienhaus**
der **Einfluss**, die Einflüsse
der **Eingang**, die Eingänge
ein ge □
eingebildet
eingekauft
eingenommen
eingepackt
die **Einheit**, die Einheiten
einhundert
einig
einige
einigermaßen
der **Einkauf**, die Einkäufe
einkaufen, du kaufst ein

E e

einladen,
du lädst ein, sie lud ein
die **Einladung**,
die Einladungen
einmal
das **Einmaleins**
einmalig
einpacken, du packst ein
sich **einprägen**, du prägst dir ein
einräumen, du räumst ein
eins
einsam
einschlafen,
du schläfst ein, er schlief ein
einschließen, du schließt ein,
sie schloss ein
einsehen,
du siehst ein, er sah ein
einseitig
einsperren, du sperrst ein
einspurig
einst
einsteigen,
du steigst ein, sie stieg ein
einstimmig
einstürzen, es stürzt ein
der **Eintopf**
der **Eintritt**
das **Eintrittsgeld**
einverstanden
die **Einwegflasche**
einwerfen,
du wirfst ein, er warf ein
der **Einwohner**
die **Einwohnerin**
die **Einzahl**
einzahlen, du zahlst ein

die **Einzelheit**,
die Einzelheiten
einzeln
einzig
das **Eis**
das **Eisen**, die Eisen
das **Eishockey**
eisig
eiskalt
eitel
eitern, es eitert
eklig, auch: ekelig
elastisch
die **Elbe**
der **Elefant**, die Elefanten
elegant
elektrisch
die **Elektrizität**
das **Elektrizitätswerk**
das **Element**, die Elemente
das **Elend**
elf, elfmal
der **Ellenbogen**, auch: Ellbogen
die **Elster**, die Elstern
die **Eltern**
die **E-Mail** (sprich: *iemeel*),
die E-Mails
sie **empfahl** - empfehlen
sie **empfand** - empfinden
empfangen,
du empfängst, er empfing
du **empfängst** - empfangen
empfehlen,
du empfiehlst, sie empfahl
du **empfiehlst** - empfehlen
empfinden,
du empfindest, sie empfand

E e

empfindlich
er **empfing** - empfangen
empfohlen
empor
empört
emsig
das **Ende**, die Enden
(Ende der Sendung)
endgültig
endlich
die **Energie**, die Energien
energisch
eng
der **Engel**, die Engel
England
der **Engländer**
die **Engländerin**
englisch (sprechen)
Englisch (das Fach Englisch)
der **Enkel**
die **Enkelin**
enorm
entdecken, du entdeckst
die **Ente**, die Enten
(Enten im See)
entfernen, du entfernst
entfernt
die **Entfernung**
die **Entführung**
entgegen
entgegnen, du entgegnest
sie **entkam** - entkommen
entkommen,
du entkommst, sie entkam
entlang
entlaufen,
er entläuft, er entlief

er **entläuft** - entlaufen
er **entlief** - entlaufen
entrüstet
entscheiden,
du entscheidest,
er entschied
er **entschied** - entscheiden
sich **entschließen**,
du entschließt dich,
sie entschloss sich
sie **entschloss** sich -
sich entschließen
sich **entschuldigen**,
du entschuldigst dich
die **Entschuldigung**
entsetzlich
entsetzt
entspannt
es **entstand** - entstehen
entstehen,
es entsteht, es entstand
enttäuscht
entweder ... oder
entwickeln, du entwickelst
die **Entwicklung,**
die Entwicklungen
der **Entwurf**, die Entwürfe
entzückend
die **Entzündung**
entzwei

er [ ]
Er [ ]

erben, du erbst
erblicken, er erblickt
die **Erbse**, die Erbsen
das **Erdbeben**
die **Erdbeere**, die Erdbeeren

E e

die **Erde**
das **Erdgas**
das **Erdgeschoss**
die **Erdnuss**, die Erdnüsse
erdrücken, du erdrückst
das **Ereignis**, die Ereignisse
erfahren,
du erfährst, er erfuhr
du **erfährst** - erfahren
die **Erfahrung**, die Erfahrungen
sie **erfand** - erfinden
erfassen, du erfasst
erfinden,
du erfindest, sie erfand
die **Erfindung**, die Erfindungen
der **Erfolg**, die Erfolge
erfolgreich
erfreulich
erfreut
sich **erfrischen**, du erfrischst dich
er **erfuhr** - erfahren
ergänzen, du ergänzt
die **Ergänzung**,
die Ergänzungen
das **Ergebnis**, die Ergebnisse
ergiebig
ergreifen,
du ergreifst, er ergriff
er **ergriff** - ergreifen
erhalten,
du erhältst, sie erhielt
du **erhältst** - erhalten
sie **erhielt** - erhalten
sich **erholen**, du erholst dich
erholsam
die **Erholung**
sich **erinnern**, du erinnerst dich

die **Erinnerung**,
die Erinnerungen
sich **erkälten**, du erkältest dich
die **Erkältung**, die Erkältungen
er **erkannte** - erkennen
erkennen,
du erkennst, er erkannte
erklären, du erklärst
die **Erklärung**, die Erklärungen
sich **erkundigen**,
du erkundigst dich
erlauben, du erlaubst
die **Erlaubnis**
erleben, du erlebst
das **Erlebnis**, die Erlebnisse
erledigen, du erledigst
erleichtert
ermahnen, du ermahnst
die **Ermäßigung**
sich **ernähren**, du ernährst dich
die **Ernährung**
ernst
die **Ernte**, die Ernten
ernten, du erntest
erobern, du eroberst
erpressen, sie erpresst
der **Erpresser**, die Erpresser
erraten,
du errätst, er erriet
du **errätst** - erraten
erreichen, du erreichst
er **erriet** - erraten
erröten, sie errötet
der **Ersatzmann**, die Ersatzleute
das **Ersatzteil**, die Ersatzteile
erscheinen,
es erscheint, es erschien

es **erschien** - erscheinen
erschöpft
er **erschrak** - erschrecken
erschrecken, du erschreckst ihn (jemand erschrecken)
erschrecken, du erschrickst, er erschrak
du **erschrickst** - erschrecken
erschrocken
erschüttert
erst
erstarrt
erstaunt
erstens
ersticken, du erstickst
die **Erstkommunion**
erstmals
ertappen, du ertappst
er **ertrank** - ertrinken
ertrinken, du ertrinkst, er ertrank
der **Erwachsene**, die Erwachsenen
erwarten, du erwartest
die **Erwartung**
erwidern, du erwiderst
erwischen, du erwischst
das **Erz**, die Erze
erzählen, du erzählst
die **Erzählung**, die Erzählungen
erziehen, du erziehst, sie erzog
der **Erzieher**
die **Erzieherin**
der **Erziehungsberechtigte**

E e

sie **erzog** - erziehen
es
der **Esel**, die Esel
der **Eskimo**, die Eskimos, auch: die Eskimo
essbar
essen, du isst, er aß
das **Essen**, die Essen
der **Essig**
der **Esslöffel**, die Esslöffel
die **Etage** (sprich: *etaasche*), die Etagen
das **Etikett**, die Etiketten, auch: die Etiketts
das **Etui**, die Etuis
etwa
etwas
euch
euer, eure
die **Eule**, die Eulen
der **Euro**
Europa
der **Europäer**
die **Europäerin**
europäisch
das **Euter**, die Euter
ev. (Abkürzung für evangelisch)
evangelisch
das **Evangelium**, die Evangelien
eventuell
ewig
exakt
das **Examen**, die Examen, auch: die Examina
das **Exemplar**, die Exemplare
exotisch

A
B
C
D
E

E e

die **Expedition**, die Expeditionen
das **Experiment**, die Experimente
experimentieren, du experimentierst
explodieren, es explodiert
die **Explosion**, die Explosionen
der **Express**
extra
extrem

F f

die **Fabel**, die Fabeln
fabelhaft
die **Fabrik**, die Fabriken
das **Fach**, die Fächer
die **Fachfrau**
der **Fachmann**
das **Fachwerkhaus**, die Fachwerkhäuser
die **Fackel**, die Fackeln
fad, auch: fade
der **Faden**, die Fäden
fähig
die **Fähigkeit**, die Fähigkeiten
die **Fahne**, die Fahnen
die **Fähre**, die Fähren
fahren, er fährt, sie fuhr
der **Fahrer**
die **Fahrerin**
der **Fahrgast**, die Fahrgäste
der **Fahrplan**, die Fahrpläne
das **Fahrrad**, die Fahrräder
du **fährst** - fahren
die **Fahrt**, die Fahrten
das **Fahrzeug**, die Fahrzeuge
fair (sprich: *fär*)
der **Faktor**, die Faktoren
der **Fall**, die Fälle
fallen, er fällt, es fiel
fällig
falls
du **fällst** - fallen
falsch
falten, du faltest
der **Falter**, die Falter
falzen, du falzt
die **Familie**, die Familien
der **Familienname**

der **Fan** (sprich: *fän*), die Fans
der **Fanclub** (sprich: *fänklub*), auch: der Fanklub
sie **fand** - finden
fangen, er fängt, sie fing
du **fängst** - fangen
die **Fantasie**, die Fantasien
fantastisch
die **Farbe**, die Farben
färben, du färbst
der **Farbfernseher**
farbig
die **Farm**, die Farmen
der **Farn**, die Farne
der **Fasching**
das **Fass**, die Fässer
fassen, du fasst
fast (beinahe)
fasten, du fastest
das **Fastfood** (sprich: *Faastfut*)
die **Fastnacht**
fauchen, du fauchst
faul
faulenzen, du faulenzt
der **Faulpelz**
die **Faust**, die Fäuste
der **Favorit**, die Favoriten
das **Fax**, die Faxe, auch: die Fax (ein Fax senden)
faxen, du faxt
die **Faxen** (dumme Faxen machen)
der **Februar**
die **Feder**, die Federn
der **Federhalter**
federleicht
die **Fee**, die Feen

A
B
C
D
E
F

F f

fegen, du fegst
fehlen, du fehlst
der **Fehler**, die Fehler
fehlerfrei
der **Fehlstart**, die Fehlstarts
die **Feier**, die Feiern
feierlich
feiern, du feierst
der **Feiertag**
feiertags
feig, auch: feige
die **Feige**, die Feigen
die **Feile**, die Feilen
fein
der **Feind**, die Feinde
das **Feld**, die Felder
der **Feldweg**, die Feldwege
die **Felge**, die Felgen
die **Felgenbremse**
das **Fell**, die Felle
die **Fellmütze**
der **Felsen**, auch: der Fels, die Felsen
das **Fenster**, die Fenster
die **Ferien**
das **Ferkel**, die Ferkel
fern
der **Fernfahrer**
das **Ferngespräch**
das **Fernrohr**, die Fernrohre
der **Fernsehapparat**
fernsehen, du siehst fern, er sah fern
der **Fernseher**, die Fernseher
das **Fernsehgerät**
fertig
das **Fertighaus**, die Fertighäuser

fesseln, du fesselst
fest
das **Fest**, die Feste
festhalten, du hältst fest, sie hielt fest
festlich
feststellen, du stellst fest
das **Festzelt**
der **Festzug**, die Festzüge
fett
das **Fett**, die Fette
fettarm
fettig
der **Fetzen**, die Fetzen
feucht
das **Feuchtbiotop**, auch: der Feuchtbiotop, die Feuchtbiotope
das **Feuer**, die Feuer
die **Feuerwehr**
das **Feuerwerk**
das **Feuerzeug**
die **Fibel**, die Fibeln
die **Fichte**, die Fichten
fidel
das **Fieber**
das **Fieberthermometer**
er **fiel** - fallen
die **Figur**, die Figuren
der **Film**, die Filme
der **Filter**, auch: das Filter, die Filter
filtern, du filterst
der **Filz**
der **Filzpantoffel**
der **Filzschreiber**
der **Filzstift**

F f

das **Finanzamt**, die Finanzämter
finden, du findest, sie fand
der **Finderlohn**
sie **fing** - fangen
der **Finger**, die Finger
der **Fink**, die Finken
der **Finne**
die **Finnin**
finnisch
Finnland
finster
die **Finsternis**
die **Firma**, die Firmen
die **Firmung**, die Firmungen
der **First**, die Firste
der **Fisch**, die Fische
fischen, du fischst
das **Fischerboot**
fit, fitter, am fittesten
das **Fitnesscenter**
fix
flach
die **Fläche**, die Flächen
flackern, es flackert
die **Flagge**, die Flaggen
die **Flamme**, die Flammen
die **Flasche**, die Flaschen
der **Flaschenöffner**
flattern, er flattert
der **Flaum**
die **Flaute**, die Flauten
flechten, du flichtst, sie flocht
der **Fleck**, die Flecken
fleckig
die **Fledermaus**, die Fledermäuse
das **Fleisch**
die **Fleischerei**, die Fleischereien

der **Fleiß**
die **Fleißarbeit**
fleißig
du **flichtst** - flechten
flicken, du flickst
fliederfarben
die **Fliege**, die Fliegen
fliegen, er fliegt, sie flog
fliehen, du fliehst, er floh
die **Fliese**, die Fliesen
fließen, er fließt, er floss
das **Fließpapier**
flimmern, es flimmert
flink
flitzen, du flitzt
sie **flocht** - flechten
die **Flocke**, die Flocken
er **flog** - fliegen
er **floh** - fliehen
der **Floh**, die Flöhe
der **Flohmarkt**, die Flohmärkte
der **Flop**, die Flops
er **floss** - fließen
das **Floß**, die Flöße
die **Flosse**, die Flossen
die **Flöte**, die Flöten
flott
flüchten, du flüchtest
der **Flüchtling**, die Flüchtlinge
der **Flug**, die Flüge
der **Flügel**, die Flügel
flügge
der **Flughafen**, die Flughäfen
das **Flugzeug**, die Flugzeuge
der **Flur**, die Flure
der **Fluss**, die Flüsse
flüssig

F f

die **Flüssigkeit**, die Flüssigkeiten
flüstern, du flüsterst
die **Flut**, die Fluten
das **Flutlicht**
das **Fohlen**, die Fohlen
der **Föhn**, die Föhne
die **Föhre**, die Föhren
folgen, es folgt
die **Folie**, die Folien
fordern, du forderst
der **Förderunterricht**
die **Forelle**, die Forellen
die **Form**, die Formen
das **Format**, die Formate
formulieren, du formulierst
forschen, du forschst
der **Forscher**
die **Forscherin**
der **Forst**, die Forste, auch: die Forsten
der **Förster**, die Förster
fort
die **Fortsetzung**
das **Foto**, die Fotos
der **Fotograf**
die **Fotografie**
fotografieren, du fotografierst
die **Fotografin**
die **Fotokopie**, die Fotokopien
fotokopieren, du fotokopierst
das **Foul** (sprich: *faul*), die Fouls
foulen, du foulst
der **Frachter**, die Frachter
die **Frage**, die Fragen
fragen, er fragt
der **Fragesatz**, die Fragesätze
das **Fragezeichen**
frankieren, du frankierst
Frankreich
der **Franzose**
die **Französin**
französisch
er **fraß** - fressen
die **Fratze**, die Fratzen
die **Frau**, die Frauen
frech
der **Frechdachs**
frei
das **Freibad**, die Freibäder
freihändig
die **Freiheit**
der **Freitag**, die Freitage
freitags
fremd
der **Fremde**, die Fremden
der **Fremdenverkehr**
die **Fremdsprache**
das **Fremdwort**, die Fremdwörter
fressen, er frisst, er fraß
die **Freude**, die Freuden
freudestrahlend
sich **freuen**, du freust dich
der **Freund**, die Freunde
die **Freundin**, die Freundinnen
freundlich
die **Freundschaft**
der **Frieden**
der **Friedhof**, die Friedhöfe
friedlich
frieren, du frierst, sie fror
das **Frisbee** (sprich: *frissbi*), die Frisbees
frisch
frisieren, du frisierst

F f

der **Frisör**, auch: der Friseur

die **Frisörin**, auch: die Friseurin

er **frisst** - fressen

die **Frisur**, die Frisuren

froh

fröhlich

die **Fröhlichkeit**

fromm

Fronleichnam

frontal

sie **fror** - frieren

der **Frosch**, die Frösche

der **Froschlaich**

der **Frost**, die Fröste

das **Frotteehandtuch**

die **Frucht**, die Früchte

fruchtbar

früh

das **Frühjahr**

der **Frühling**

der **Frühlingsanfang**

das **Frühstück**

frühstücken, du frühstückst

frustriert

der **Fuchs**, die Füchse

fuchsteufelswild

fühlen, du fühlst
(Es fühlt sich weich an.)

der **Fühler**, die Fühler
(die Fühler des Schmetterlings)

sie **fuhr** - fahren

führen, du führst

der **Führer**

die **Führerin**

der **Führerschein**

die **Führung**

füllen, du füllst
(ein Glas füllen)

der **Füller**, die Füller
(mit dem Füller schreiben)

der **Füllfederhalter**

fünf, fünfmal

fünfzehn

fünfzig

der **Funke**, die Funken

funkeln, es funkelt

funkelnagelneu

der **Funkstreifenwagen**

funktionieren, es funktioniert

für

die **Furcht**

furchtbar

fürchten, du fürchtest

fürchterlich

füreinander

der **Fürst**

die **FürstIn**

das **Fürwort**, die Fürwörter

der **Fuß**, die Füße

der **Fußball**, die Fußbälle

der **Fußboden**

der **Fußgänger**

die **Fußgängerin**

die **Fußgängerzone**

das **Futter**

das **Futterhäuschen**

füttern, du fütterst

das **Futur**

g (Abkürzung für Gramm)
sie **gab** - geben
die **Gabel**, die Gabeln
gackern, du gackerst
gaffen, er gafft
der **Gag** (sprich: *gäg*), die Gags
gähnen, du gähnst
galoppieren, es galoppiert
es **galt** - gelten
der **Gameboy** (sprich: *Gäimboi*), die Gameboys
gammeln, es gammelt
der **Gang**, die Gänge
der **Gangster** (sprich: *gängster*), die Gangster
der **Ganove**, die Ganoven
die **Gans**, die Gänse
das **Gänseblümchen**
ganz, ganze, ganzer
gar
die **Garage** (sprich: *garaasche*), die Garagen
die **Garantie**, die Garantien
garantieren, du garantierst
die **Garderobe**, die Garderoben
die **Gardine**, die Gardinen
das **Garn**, die Garne
gar nicht
garnieren, du garnierst
garstig
der **Garten**, die Gärten
der **Gärtner**
die **Gärtnerei**, die Gärtnereien
die **Gärtnerin**
das **Gas**, die Gase
die **Gasheizung**
das **Gässchen**, die Gässchen

G g

die **Gasse**, die Gassen
der **Gast**, die Gäste
das **Gasthaus**, die Gasthäuser
die **Gaststätte**, die Gaststätten
der **Gatte**
die **Gattin**
der **Gaukler**, die Gaukler
der **Gaul**, die Gäule
der **Gaumen**, die Gaumen
der **Gauner**, die Gauner

ge
Ge

geb. (Abkürzung für geboren)
das **Gebäck**, die Gebäcke (süßes Gebäck)
das **Gebäude**, die Gebäude
das **Gebell**
geben, er gibt, sie gab
das **Gebet**, die Gebete
gebeten
das **Gebiet**, die Gebiete
gebildet
das **Gebirge**, die Gebirge
das **Gebiss**, die Gebisse
geblieben
gebogen
geboren
das **Gebot**, die Gebote
gebrannt
gebrauchen, du gebrauchst
die **Gebrauchsanweisung**
gebraucht
der **Gebrauchtwagen**
das **Gebrüll**
die **Gebühr**, die Gebühren
gebunden
die **Geburt**, die Geburten

A
B
C
D
E
F
G

G g

der **Geburtstag**, die Geburtstage
die **Geburtstagsfeier**
das **Gebüsch**
gedacht
das **Gedächtnis**
der **Gedanke**, die Gedanken
die **Gedenkstätte**
das **Gedicht**, die Gedichte
geduldig
gedurft
geeignet
die **Gefahr**, die Gefahren
gefährlich
gefallen,
es gefällt, es gefiel
sich **gefallen lassen**,
du lässt dir etwas gefallen,
er ließ sich etwas gefallen
es **gefällt** - gefallen
gefangen
das **Gefängnis**, die Gefängnisse
das **Gefäß**, die Gefäße
das **Gefieder**, die Gefieder
es **gefiel** - gefallen
gefleckt
geflickt
das **Geflügel**
gefräßig
gefrieren,
es gefriert, es gefror
die **Gefriertruhe**
es **gefror** - gefrieren
das **Gefühl**, die Gefühle
gefunden
gegangen
gegeben
gegen

die **Gegend**, die Gegenden
gegeneinander
der **Gegensatz**, die Gegensätze
gegenseitig
der **Gegenstand**,
die Gegenstände
das **Gegenteil**
gegenüber
die **Gegenwart**
der **Gegner**, die Gegner
gegossen
gehabt
das **Gehalt**, die Gehälter
gehässig
das **Gehäuse**, die Gehäuse
das **Gehege**, die Gehege
geheim
das **Geheimnis**, die Geheimnisse
geheimnisvoll
gehen, er geht, sie ging
geheuer
das **Gehirn**, die Gehirne
die **Gehirnerschütterung**
geholfen
das **Gehör**
gehorchen, du gehorchst
gehören, es gehört
gehörlos
gehorsam
der **Gehsteig**, die Gehsteige
der **Geier**, die Geier
die **Geige**, die Geigen
geil
die **Geisel**, die Geiseln
die **Geiselnahme**
der **Geist**, die Geister
die **Geisterbahn**

G g

der **Geizhals**, die Geizhälse
geizig
geklappt
geklungen
gekonnt
das **Gel**, die Gele
das **Gelächter**
gelähmt
das **Gelände**, die Gelände
das **Geländer**, die Geländer
es **gelang** - gelingen
gelaunt
gelb, gelbe Blumen
das **Geld**, die Gelder
der **Geldautomat**
der **Geldbeutel**
die **Geldbörse**
das **Gelee** (sprich: *schelee*), auch: der Gelee, die Gelees
die **Gelegenheit**, die Gelegenheiten
gelegentlich
das **Gelenk**, die Gelenke
gelenkig
gelingen, es gelingt, es gelang
gelogen
gelten, es gilt, es galt
gelungen
das **Gemälde**, die Gemälde
gemein
die **Gemeinde**, die Gemeinden
der **Gemeinderat**
die **Gemeinderätin**
gemeinsam
die **Gemeinschaft**
gemolken

das **Gemüse**, die Gemüse
gemütlich
genau
genauso
genehmigen, du genehmigst
die **Generation**, die Generationen
genial
das **Genick**, die Genicke
sich **genieren** (sprich: *scheniiren*), du genierst dich
genießbar
genießen, du genießt, sie genoss
der **Genitiv**
genommen
sie **genoss** - genießen
genug
genügen, es genügt
genügend
der **Genuss**, die Genüsse
die **Geographie**
die **Geometrie**
geometrisch
das **Gepäck**, die Gepäckstücke (schweres Gepäck)
der **Gepäckträger**
gepasst
gepfiffen
das **Geplapper**
gerade
geradeaus
gerannt
das **Gerät**, die Geräte
das **Geräteturnen**

G g

geräumig
das **Geräusch**, die Geräusche
gerecht
das **Gericht**, die Gerichte
gerieben
gering
geritten
gern
gerochen
die **Gerste**
der **Geruch**, die Gerüche
das **Gerücht**, die Gerüchte
das **Gerümpel**
das **Gerüst**, die Gerüste
der **Gesang**, die Gesänge
das **Geschäft**, die Geschäfte
es **geschah** - geschehen
geschehen,
es geschieht, es geschah
gescheit
das **Geschenk**, die Geschenke
die **Geschichte**,
die Geschichten
das **Geschichtenbuch**,
die Geschichtenbücher
geschickt
geschieden
es **geschieht** - geschehen
das **Geschirr**, die Geschirre
die **Geschirrspülmaschine**
das **Geschlecht**,
die Geschlechter
das **Geschlechtswort**,
die Geschlechtswörter
geschlossen
der **Geschmack**
geschmackvoll

geschmeidig
geschoren
das **Geschoss**, die Geschosse
das **Geschrei**
geschwiegen
geschwind
die **Geschwindigkeit**,
die Geschwindigkeiten
die **Geschwister**
geschwollen
das **Geschwür**, die Geschwüre
gesellig
die **Gesellschaft**
das **Gesetz**, die Gesetze
das **Gesicht**, die Gesichter
gespannt
das **Gespenst**, die Gespenster
gespenstig,
auch: gespenstisch
gesponnen
das **Gespräch**, die Gespräche
gesprochen
die **Gestalt**, die Gestalten
gestanden
der **Gestank**
das **Gestell**, die Gestelle
gestern
das **Gestirn**, die Gestirne
gestohlen
gestorben
gestreift
das **Gestrüpp**
gestunken
gesund, gesunde Menschen
die **Gesundheit**
gesungen
das **Getränk**, die Getränke

der **Getränkeautomat**
das **Getreide**
getrennt
getroffen
getrunken
das **Gewächs**, die Gewächse
gewachsen
das **Gewächshaus**, die Gewächshäuser
die **Gewalt**, die Gewalten
gewaltig
das **Gewand**, die Gewänder
gewandt
sie **gewann** - gewinnen
das **Gewässer**, die Gewässer
das **Gewehr**, die Gewehre
das **Geweih**, die Geweihe
gewesen - sein
das **Gewicht**, die Gewichte
das **Gewimmel**
der **Gewinn**, die Gewinne
gewinnen, du gewinnst, ich gewann, ich habe gewonnen
gewiss
das **Gewissen**
gewissenhaft
das **Gewitter**, die Gewitter
gewitzt
gewogen
sich **gewöhnen**, du gewöhnst dich
die **Gewohnheit**, die Gewohnheiten
gewöhnlich
gewohnt
gewollt

G g

gewonnen
geworden
gewunken
das **Gewürz**, die Gewürze
gewusst
gezackt
die **Gezeiten**
gezogen
das **Gezwitscher**
du **gibst** - geben
der **Giebel**, die Giebel
gierig
gießen, du gießt, er goss
die **Gießkanne**
das **Gift**, die Gifte
giftig
die **Giftmülldeponie**
es **gilt** - gelten
er **ging** - gehen
der **Gipfel**, die Gipfel
das **Gipfelkreuz**
der **Gips**
die **Giraffe**, die Giraffen
die **Girlande**, die Girlanden
die **Gitarre**, die Gitarren
das **Gitter**, die Gitter
der **Glanz**
glänzen, es glänzt
glänzend
das **Glas**, die Gläser
glatt
die **Glätte**
die **Glatze**, die Glatzen
der **Glaube**
glauben, du glaubst
gleich
gleichzeitig

G g

das **Gleis**, die Gleise
gleiten, du gleitest, er glitt
der **Gletscher**, die Gletscher
das **Glied**, die Glieder
die **Gliedmaßen**
glitschig
er **glitt** - gleiten
glitzern, es glitzert
der **Globus**, die Globusse, auch: die Globen
die **Glocke**, die Glocken
das **Glockenspiel**
glotzen, du glotzt
das **Glück**
gluckern, es gluckert
glücklich
der **Glückwunsch**, die Glückwünsche
glühen, es glüht
die **Glut**
die **Gnade**
gnädig
der **Gockel**, die Gockel
das **Gold**
golden
der **Goldfisch**
die **Goldmedaille** (sprich: *goldmedallje*)
die **Gondel**, die Gondeln
der **Gong**, die Gongs
gönnen, du gönnst
der **Gorilla**, die Gorillas
er **goss** - gießen
der **Gott**, die Götter
der **Gottesdienst**, die Gottesdienste
göttlich

das **Grab**, die Gräber
graben, du gräbst, sie grub
der **Graben**, die Gräben
du **gräbst** - graben
der **Grad**, die Grade
das **Gramm**
die **Grammatik**, die Grammatiken
die **Grapefruit** (sprich: *grepfruut*), die Grapefruits
das **Gras**, die Gräser
grässlich
die **Gräte**, die Gräten
gratis
gratulieren, du gratulierst
grau
das **Gräuel**, die Gräuel
sich **grauen**, es graut dir
grausam
grausig
greifen, du greifst, sie griff
der **Greifvogel**, die Greifvögel
der **Greis**
die **Greisin**
grell
die **Grenze**, die Grenzen
der **Grieche**
Griechenland
die **Griechin**
griechisch
sie **griff** - greifen
der **Griff**, die Griffe
der **Grill**, die Grills
die **Grille**, die Grillen
grillen, du grillst
die **Grimasse**, die Grimassen

	grimmig
	grinsen, du grinst
die	**Grippe** (an Grippe erkranken)
	grob
der	**Grobian**
	grölen, du grölst
der	**Groschen**, die Groschen
	groß, größer, am größten
	Großbritannien
die	**Größe**, die Größen
die	**Großeltern**
	größer, am größten - groß
die	**Großmutter**, die Großmütter
	größtenteils
der	**Großvater**, die Großväter
die	**Grotte**, die Grotten
sie	**grub** - graben
die	**Grube**, die Gruben
	grübeln, du grübelst
	grün
der	**Grund**, die Gründe
der	**Gründonnerstag**
die	**Grundschule**
der	**Grundschüler**
die	**Grundschülerin**
das	**Grundstück**
die	**Grünfläche**
	grunzen, es grunzt
die	**Gruppe**, die Gruppen (eine Vierergruppe)
sich	**gruseln**, du gruselst dich
der	**Gruß**, die Grüße
	grüßen, du grüßt
die	**Grütze**, die Grützen
	gucken, du guckst
das	**Gulasch**, auch: der Gulasch

G g

der	**Gully**, die Gullys
der	**Gummi**, auch: das Gummi, die Gummis
	günstig
	gurgeln, du gurgelst
die	**Gurke**, die Gurken
	gurren, sie gurrt
der	**Gurt**, die Gurte
der	**Gürtel**, die Gürtel
	gut, besser, am besten
der	**Güterbahnhof**, die Güterbahnhöfe
der	**Güterzug**, die Güterzüge
	gütig
	gutmütig
der	**Gutschein**, die Gutscheine
der	**Gymnasiast**
die	**Gymnasiastin**
das	**Gymnasium**, die Gymnasien
die	**Gymnastik**

A
B
C
D
E
F
G

H h

das **Haar**, die Haare
haarig
haben, er hat, sie hatte
der **Habicht**, die Habichte
die **Hacke**, die Hacken
hacken, du hackst
der **Hafen**, die Häfen
der **Hafer**
die **Haferflocken**
haften, es haftet
die **Hagebutte**
der **Hagel**
hageln, es hagelt
der **Hahn**, die Hähne
das **Hähnchen**, die Hähnchen
der **Hai**, die Haie
häkeln, du häkelst
der **Haken**, die Haken
halb
halbieren, du halbierst
sie **half** - helfen
die **Hälfte**, die Hälften
die **Halle**, die Hallen
halleluja
das **Hallenbad**, die Hallenbäder
hallo
der **Halm**, die Halme
die **Halogenlampe**
der **Hals**, die Hälse
halt
haltbar
halten, er hält, sie hielt
die **Haltestelle**, die Haltestellen
du **hältst** - halten
Hamburg
hämisch
der **Hammel**, die Hammel
der **Hammer**, die Hämmer
hämmern, du hämmerst
der **Hampelmann**, die Hampelmänner
der **Hamster**, die Hamster
die **Hand**, die Hände
der **Handball**, die Handbälle
handeln, du handelst
der **Händler**
die **Händlerin**
der **Handschuh**
die **Handtasche**
das **Handtuch**, die Handtücher
der **Handwerker**
das **Handy** (sprich: *händi*), die Handys
der **Hang**, die Hänge
die **Hängematte**
hängen, du hängst, er hing
die **Hantel**, die Hanteln
hantieren, du hantierst
happy (sprich: *häppi*)
das **Härchen**, die Härchen
die **Hardware** (sprich: *haatwär*)
die **Harke**, die Harken
harmlos
der **Harn**
die **Harnblase**
die **Harpune**, die Harpunen
hart, härter, am härtesten
hartnäckig
das **Harz**, die Harze
harzig
der **Hase**, die Hasen
die **Haselnuss**, die Haselnüsse
der **Hass**
hassen, du hasst

H h

	hässlich
du	**hast** - haben
	hastig
er	**hatte** - haben
	hauchdünn
	hauchen, du hauchst
	hauen, du haust
der	**Haufen**, die Haufen
	häufig
das	**Haupt**, die Häupter
der	**Hauptbahnhof**, die Hauptbahnhöfe
der	**Häuptling**, die Häuptlinge
die	**Hauptsache**
die	**Hauptschule**
der	**Hauptschüler**
die	**Hauptschülerin**
die	**Hauptstadt**, die Hauptstädte
das	**Haus**, die Häuser
der	**Hausarrest**
die	**Hausaufgabe**
zu	**Hause sein**, sie ist zu Hause
der	**Haushalt**, die Haushalte
der	**Hausmeister**
die	**Hausordnung**
der	**Hausschlüssel**
die	**Haut**, die Häute
sich	**häuten**, sie häutet sich
die	**Haxe**, die Haxen
die	**Hebamme**, die Hebammen
der	**Hebel**, die Hebel
	heben, du hebst, sie hob
der	**Hecht**, die Hechte
der	**Hechtsprung**, die Hechtsprünge
das	**Heck**, die Hecke, auch: die Hecks (das Heck des Schiffs)
die	**Hecke**, die Hecken
die	**Hefe**
das	**Heft**, die Hefte
	heftig
das	**Heftpflaster**
die	**Heide**, die Heiden
die	**Heidelbeere**, die Heidelbeeren
	heikel
	heilen, es heilt
	heilig
	heim
die	**Heimat**
die	**Heimatkunde**
	heimfahren, du fährst heim, sie fuhr heim
	heimgehen, du gehst heim, er ging heim
	heimkommen, du kommst heim, sie kam heim
	heimlich
das	**Heimweh**
das	**Heinzelmännchen**
	heiraten, du heiratest
	heiser
	heiß
	heißen, du heißt, er hieß
	heiter
	heizen, du heizt
die	**Heizung**, die Heizungen
der	**Hektoliter**, die Hektoliter
der	**Held**
die	**Heldin**
	helfen, er hilft, sie half
	hell
der	**Helm**, die Helme
das	**Hemd**, die Hemden

H h

der **Hengst**, die Hengste
der **Henkel**, die Henkel
die **Henne**, die Hennen

her

her
herab
heran
herauf
heraus
herausholen, du holst heraus
herauskommen, du kommst heraus, sie kam heraus
herbei
die **Herberge**, die Herbergen
der **Herbst**
der **Herd**, die Herde (auf dem Herd kochen)
die **Herde**, die Herden (eine Schafherde)
herein
hereinkommen, du kommst herein, er kam herein
der **Hering**, die Heringe
der **Herr**
die **Herrin**
herrlich
herstellen, er stellt her
die **Herstellung**
herüber
herum
herunter
hervor
hervorragend
das **Herz**, die Herzen
herzlich
der **Herzschlag**, die Herzschläge
der **Hesse**

Hessen
die **Hessin**
hessisch
hetzen, du hetzt
das **Heu**
heucheln
die **Heuernte**
heulen, du heulst
die **Heuschrecke**, die Heuschrecken
heute
die **Hexe**, die Hexen
hexen, er hext
der **Hieb**, die Hiebe
sie **hielt** - halten
hier
hierher
die **Hieroglyphen**
er **hieß** - heißen
die **Hilfe**, die Hilfen
hilfsbereit
du **hilfst** - helfen
die **Himbeere**, die Himbeeren
der **Himmel**

hin

hin
hinab
hinauf
hinaus
das **Hindernis**, die Hindernisse
hindurch
hinein
hineinbeißen, du beißt hinein, sie biss hinein
hineingehen, du gehst hinein, er ging hinein
er **hing** - hängen

H h

hinken, du hinkst
hinten
hinter
hintereinander
der **Hintergrund**
hinterher
hinüber
hinunter
hinweg
der **Hinweis**, die Hinweise
hinzu
der **Hirsch**, die Hirsche
der **Hirt**, auch: der Hirte, die Hirten
der **Hit**, die Hits
die **Hitparade**
die **Hitze**
hitzefrei
hl (Abkürzung für Hektoliter)
sie **hob** - heben
das **Hobby**, die Hobbys
der **Hobbyraum**, die Hobbyräume
der **Hobel**, die Hobel
hoch, höher, am höchsten
am **höchsten** - hoch
höchstens
die **Hochzeit**, die Hochzeiten
hocken, du hockst
der **Hocker**, die Hocker
das **Hockey**
der **Hoden**, die Hoden
der **Hof**, die Höfe
hoffen, du hoffst
hoffentlich
die **Hoffnung**, die Hoffnungen
höflich

hohe (hohe Berge), höhere, höchste
die **Höhe**, die Höhen
höher - hoch
hohl (ein hohler Baum)
die **Höhle**, die Höhlen
der **Hokuspokus**
holen, du holst
Holland
der **Holländer**
die **Holländerin**
holländisch
die **Hölle** (Teufel in der Hölle)
holpern, es holpert
holprig, auch: holperig
das **Holz**, die Hölzer
der **Honig**
der **Hopfen**
hoppeln, du hoppelst
hoppla!
hopsen, du hopst
horchen, du horchst
hören, du hörst
der **Hörer**
die **Hörerin**
der **Horizont**
das **Horn**, die Hörner
das **Hörnchen**, die Hörnchen
die **Hornisse**, die Hornissen
der **Hort**, die Horte
die **Hose**, die Hosen
das **Hospital**, die Hospitäler
die **Hostie**, die Hostien
das **Hotel**, die Hotels
hübsch
der **Hubschrauber**
huckepack

der **Huf**, die Hufe
die **Hüfte**, die Hüften
der **Hügel**, die Hügel
hüglig, auch: hügelig
das **Huhn**, die Hühner
die **Hülle**, die Hüllen
die **Hülse**, die Hülsen
die **Hummel**, die Hummeln
der **Humor**
humpeln, du humpelst
der **Humus**
der **Hund**, die Hunde
hundert
der **Hunger**
die **Hungersnot**
hungrig
die **Hupe**, die Hupen
hupen, du hupst
hüpfen, du hüpfst
hurra!
huschen, du huschst
husten, du hustest
der **Hustensaft**, die Hustensäfte
der **Hut**, die Hüte
die **Hütte**, die Hütten
der **Hydrant**, die Hydranten
hygienisch

H h

I i

der **IC** (Abkürzung für InterCity), die ICs
der **ICE** (Abkürzung für InterCityExpress), die ICEs
ich
ideal
die **Idee**, die Ideen
der **Idiot**, die Idioten
der **Igel**, die Igel
der **Iglu**, auch: das Iglu, die Iglus
ihm
ihn, ihnen
ihr, ihre
die **Illustrierte**, die Illustrierten
im (in dem)
der **Imbiss**, die Imbisse
der **Imker**, die Imker
immer
das **Imperfekt**
impfen, du wirst geimpft
die **Impfung**, die Impfungen
in, ins
indem
der **Indianer**
die **Indianerin**
der **Indische Ozean**
die **Industrie**, die Industrien
ineinander
die **Infektion**
der **Infinitiv**, die Infinitive
die **Information**, die Informationen
sich **informieren**, du informierst dich
der **Ingenieur** (sprich: *inschenjör*)
die **Ingenieurin** (sprich: *inschenjörin*)

der **Inhaber**
die **Inhaberin**
der **Inhalt**
das **Inhaltsverzeichnis**
der **Inlineskater** (sprich: *inleinskeyter*)
der **Inlineskaterin** (sprich: *inleinskeyterin*)
innen
innerhalb
das **Insekt**, die Insekten
die **Insel**, die Inseln
das **Inserat**, die Inserate
insgesamt
der **Installateur** (sprich: *installatör*)
die **Installateurin** (sprich: *installatörin*)
der **Instinkt**
das **Instrument**, die Instrumente
intelligent
intensiv
interessant
das **Interesse**, die Interessen
sich **interessieren**, du interessierst dich
das **Internat**, die Internate
international
das **Internet**
das **Interview** (sprich: *interwju*), die Interviews
inzwischen
der **Ire**
irgendein, irgendeine
irgendjemand
irgendwann
irgendwas
irgendwie

I i

irgendwo
irgendwohin
die **Irin**
irisch
Irland
ironisch
irr, auch: irre
sich **irren**, du irrst dich
der **Irrgarten**
der **Islam**
das **Isolierband**, die Isolierbänder
er **isst** - essen (Er isst ein Brot.)
er **ist** - sein (Er ist da.)
Italien
der **Italiener**
die **Italienerin**
italienisch

ja
die **Jacht**, die Jachten, auch: die Yacht
die **Jacke**, die Jacken
die **Jagd**, die Jagden
jagen, du jagst
der **Jäger**, die Jäger
der **Jaguar**, die Jaguare
jäh
das **Jahr**, die Jahre
jahrelang
das **Jahrhundert**
jährlich
das **Jahrzehnt**
jähzornig
die **Jalousie** (sprich: *schalusi*), die Jalousien
jämmerlich
jammern, du jammerst
der **Januar**
Japan
der **Japaner**
die **Japanerin**
japanisch
japsen, du japst
jäten, du jätest
die **Jauche**
jauchzen, du jauchzt
jaulen, er jault
je
die **Jeans** (sprich: *dschiins*), die Jeans
jede, jeder, jedes
jedenfalls
jedoch
der **Jeep** (sprich: *dschiip*), die Jeeps

J j

jemals
jemand, jemanden
jene, jener, jenes
jenseits
Jesus
der **Jet**, die Jets
jetzt
der **Job** (sprich: *dschop*), die Jobs
das **Jod**
jodeln, du jodelst
das **Joga**, auch: der Joga, auch: Yoga
joggen (sprich: *dschoggen*), du joggst
der **Jogger**
der **Jogurt**, auch: das Jogurt
die **Johannisbeere**
johlen, du johlst
das **Jo-Jo**
der **Joker** (sprich: *dschoker*), die Joker
jonglieren (sprich: *schongliiren*), du jonglierst
der **Journalist** (sprich: *schurnalist*)
die **Journalistin** (sprich: *schurnalistin*)
der **Jubel**
jubeln, du jubelst
juchzen, du juchzt
jucken, es juckt
der **Jude**
die **Jüdin**
jüdisch

J j

das **Judo**
die **Jugend**
die **Jugendherberge**
der **Jugendliche**
die **Jugendliche**
der **Juli**, auch: der Julei
jung, jünger, am jüngsten
das **Junge**, die Jungen (Nachwuchs bei Tieren)
der **Junge**, die Jungen (nicht die Mädchen)
jünger, am jüngsten - jung
der **Juni**
der **Junior**
die **Juniorin**
das **Juwel**, die Juwelen
der **Juwelier**
der **Jux**, die Juxe

das **Kabel**, die Kabel
der **Kabelanschluss**, die Kabelanschlüsse
das **Kabelfernsehen**
die **Kabine**, die Kabinen
das **Kabrio**, die Kabrios, auch: das Cabrio
der **Kachelofen**, die Kachelöfen
der **Käfer**, die Käfer
der **Kaffee** (Kaffee trinken)
der **Käfig**, die Käfige
kahl
der **Kahn**, die Kähne
der **Kai**, die Kais, auch: der Quai
der **Kaiser**, die Kaiser
die **Kaiserin**
das **Kajak**, die Kajaks
die **Kajüte**, die Kajüten
der **Kakao**, die Kakaos
der **Kaktus**, die Kakteen
das **Kalb**, die Kälber
der **Kalender**, die Kalender
der **Kalk**
die **Kalorie**, die Kalorien
kalt, kälter, am kältesten
die **Kälte**
er **kam** - kommen
das **Kamel**, die Kamele
die **Kamera**, die Kameras
die **Kamille**
der **Kamin**, die Kamine
der **Kaminkehrer**
der **Kamm**, die Kämme
sich **kämmen**, du kämmst dich
die **Kammer**, die Kammern
der **Kampf**, die Kämpfe
kämpfen, du kämpfst

K k

der **Kanal**, die Kanäle
der **Kanarienvogel**, die Kanarienvögel
der **Kandidat**
die **Kandidatin**
das **Känguru**, die Kängurus
das **Kaninchen**, die Kaninchen
der **Kanister**, die Kanister
er **kann** - können
die **Kanne**, die Kannen
du **kannst** - können
sie **kannte** - kennen
der **Kanon**, die Kanons
die **Kante**, die Kanten
die **Kantine**, die Kantinen
das **Kanu**, die Kanus
der **Kanzler**, die Kanzler
die **Kapelle**, die Kapellen
kapieren, du kapierst
der **Kapitän**, die Kapitäne
das **Kapitel**, die Kapitel
der **Kaplan**, die Kapläne
die **Kappe**, die Kappen
die **Kapsel**, die Kapseln
kaputt
die **Kapuze**, die Kapuzen
das **Karate**
die **Karawane**, die Karawanen
der **Karfreitag**
kariert
die **Karies**
der **Karneval**
der **Karnevalszug**
das **Karo**, die Karos
die **Karotte**, die Karotten
der **Karpfen**, die Karpfen
die **Karre**, die Karren

A
B
C
D
E
F
G
H
I
J
K

K k

die **Karriere**
die **Karte**, die Karten
das **Kartentelefon**
die **Kartoffel**, die Kartoffeln
die **Kartoffelchips**
der **Karton**, die Kartons
das **Karussell**, die Karussells
die **Karwoche**
der **Käse**, die Käse
die **Kaserne**, die Kasernen
der **Kasper**, die Kasper
die **Kasse**, die Kassen
die **Kassette**, die Kassetten
der **Kassettenrekorder**, auch: der Kassettenrecorder
die **Kastanie**, die Kastanien
der **Kasten**, die Kästen
der **Katalog**, die Kataloge
die **Katastrophe**, die Katastrophen
der **Kater**, die Kater
kath. (Abkürzung für katholisch)
der **Katholik**
die **Katholikin**
katholisch
die **Katze**, die Katzen
das **Kauderwelsch**
kauen, du kaust
kauern, du kauerst
kaufen, du kaufst
der **Käufer**
die **Käuferin**
die **Kauffrau**, die Kauffrauen
der **Kaufmann,** die Kaufleute
der **Kaugummi**, die Kaugummis
die **Kaulquappe**, die Kaulquappen
kaum

das **Käuzchen**, die Käuzchen
der **Kegel**, die Kegel
die **Kegelbahn**
die **Kehle**, die Kehlen (aus voller Kehle singen)
der **Kehlkopf**
kehren, du kehrst
der **Keil**, die Keile
keimen, es keimt
der **Keimling**, die Keimlinge
kein, keine, keiner
keinesfalls
der **Keks**, die Kekse, auch: die Keks
der **Kelch**, die Kelche
die **Kelle**, die Kellen
der **Keller**, die Keller
der **Kellner**
die **Kellnerin**
kennen, du kennst, sie kannte
das **Kennzeichen**
kentern, du kenterst
die **Keramik**, die Keramiken
die **Kerbe**, die Kerben
der **Kerl**, die Kerle
der **Kern**, die Kerne
die **Kerze**, die Kerzen
kerzengerade
der **Kescher**, die Kescher
der **Kessel**, die Kessel
der **Ketchup**, auch: das Ketchup
die **Kette**, die Ketten
keuchen, du keuchst
die **Keule**, die Keulen
das **Kfz** (Abkürzung für Kraftfahrzeug)

K k

die **Kfz-Werkstatt**
kg (Abkürzung für Kilogramm)
kichern, du kicherst
das **Kickboard** (sprich: *Kickbord*)
kicken, du kickst
der **Kiefer**, die Kiefer (Oberkiefer)
die **Kiefer**, die Kiefern (Kiefernzapfen)
der **Kiel**, die Kiele
die **Kieme**, die Kiemen
der **Kies**
der **Kieselstein**
die **Kiesgrube**
das **Kilogramm**
der **Kilometer**, die Kilometer
das **Kind**, die Kinder
der **Kindergarten**, die Kindergärten
das **Kinn**, die Kinne
der **Kinnhaken**
das **Kino**, die Kinos
der **Kiosk**, die Kioske
kippen, du kippst
die **Kirche**, die Kirchen
die **Kirchweih**
die **Kirmes**
die **Kirsche**, die Kirschen
das **Kissen**, die Kissen
die **Kiste**, die Kisten
der **Kitsch**
kitschig
der **Kitt**
der **Kittel**, die Kittel
das **Kitz**, die Kitze
kitzeln, du kitzelst
kitzlig, auch: kitzelig

kläffen, er kläfft
klagen, du klagst
klamm
die **Klammer**, die Klammern
klammern, du klammerst
die **Klamotten**
es **klang** - klingen
der **Klang**, die Klänge
die **Klappe**, die Klappen
klappen, es klappt
klappern, du klapperst
der **Klaps**, die Klapse
klar
die **Kläranlage**
die **Klasse**, die Klassen
der **Klassensprecher**
die **Klassensprecherin**
klatschen, du klatschst
klauen, du klaust
das **Klavier**, die Klaviere
kleben, du klebst
der **Kleber**, die Kleber
der **Klebstoff**, die Klebstoffe
kleckern, du kleckerst
der **Klecks**, die Kleckse
der **Klee**
das **Kleeblatt**, die Kleeblätter
das **Kleid**, die Kleider
der **Kleiderbügel**
die **Kleidung**, die Kleidungen
klein
der **Kleister**, die Kleister
die **Klemme**, die Klemmen
der **Klempner**, die Klempner
die **Klette**, die Kletten
das **Klettergerüst**, die Klettergerüste

K k

klettern, du kletterst
der **Klettverschluss**, die Klettverschlüsse
das **Klima**
die **Klimaanlage**
der **Klimmzug**, die Klimmzüge
klimpern, du klimperst
die **Klinge**, die Klingen
die **Klingel**, die Klingeln
klingeln, du klingelst
klingen, es klingt, es klang
die **Klinik**, die Kliniken
klipp und klar
die **Klippe**, die Klippen
klirren, es klirrt
das **Klo**, die Klos
klopfen, du klopfst
der **Klops**, die Klopse
der **Kloß**, die Klöße
das **Kloster**, die Klöster
der **Klotz**, die Klötze
der **Klub**, die Klubs, auch: der Club
klug, klüger, am klügsten
der **Klumpen**, die Klumpen
km (Abkürzung für Kilometer)
knabbern, du knabberst
der **Knabe**, die Knaben
das **Knäckebrot**
der **Knacks**
der **Knall**, die Knalle
knallen, es knallt
knapp
knarren, es knarrt
knattern, es knattert
der **Knäuel**, auch: das Knäuel, die Knäuel

knausrig, auch: knauserig
kneifen, du kneifst, er kniff
die **Kneipe**, die Kneipen
die **Knete**
kneten, du knetest
die **Knetmasse**
knicken, du knickst
das **Knie**, die Knie
knien, du kniest
er **kniff** - kneifen
knifflig
knipsen, du knipst
der **Knirps**, die Knirpse
knirschen, du knirschst
knistern, es knistert
knittern, es knittert
knobeln, du knobelst
der **Knoblauch**
der **Knochen**, die Knochen
der **Knödel**, die Knödel
die **Knolle**, die Knollen
der **Knopf**, die Knöpfe
der **Knorpel**, die Knorpel
die **Knospe**, die Knospen
der **Knoten**, die Knoten
knüllen, du knüllst
knüpfen, du knüpfst
der **Knüppel**, die Knüppel
knurren, du knurrst
knusprig, auch: knusperig
k. o. (Abkürzung für knock-out)
der **Koch**, die Köche
kochen, du kochst
die **Köchin**
der **Koffer**, die Koffer
der **Kohl**

K k

die **Kohle**, die Kohlen
kohlrabenschwarz
die **Koje**, die Kojen
die **Kokosnuss**, die Kokosnüsse
der **Kollege**
die **Kollegin**
der **Kombi**, die Kombis
kombinieren, du kombinierst
der **Komet**, die Kometen
der **Komiker**
die **Komikerin**
komisch
das **Komma**, die Kommas
kommen,
du kommst, er kam
der **Kommissar**
die **Kommissarin**
die **Kommode**, die Kommoden
die **Kommunion**
das **Kommunionkind**
der **Kompass**, die Kompasse
komplett
kompliziert
der **Komponist**
die **Komponistin**
der **Komposthaufen**
das **Kompott**, die Kompotte
die **Kondensmilch**
die **Kondition**
der **Konditor**
die **Konditorei**, die Konditoreien
die **Konditorin**
die **Konferenz**, die Konferenzen
das **Konfetti**
der **Konfirmand**
die **Konfirmandin**
die **Konfirmation**
konfirmieren,
du wirst konfirmiert
die **Konfitüre**, die Konfitüren
der **Konflikt**, die Konflikte
der **König**
die **Königin**
konkret
können, er kann, er konnte
er **konnte** - können
der **Konrektor**
die **Konrektorin**
die **Konserve**, die Konserven
der **Konsonant**, die Konsonanten
der **Konsum**
der **Kontakt**, die Kontakte
der **Kontinent**, die Kontinente
das **Konto**, die Konten,
auch: die Kontos oder Konti
die **Kontonummer**
die **Kontrolle**, die Kontrollen
kontrollieren, du kontrollierst
sich **konzentrieren**,
du konzentrierst dich
das **Konzert**, die Konzerte
der **Kopf**, die Köpfe
der **Kopfhörer**
das **Kopfkissen**
der **Kopfschmerz**
die **Kopfstütze**
die **Kopie**, die Kopien
kopieren, du kopierst
das **Kopiergerät**
der **Koran**
der **Korb**, die Körbe
die **Kordel**, die Kordeln
die **Kordhose**,
auch: die Cordhose

K k

der **Kork**, auch: der Korken, die Korken
der **Korkenzieher**
das **Korn**, die Körner
der **Körper**, die Körper
korrekt
die **Korrektur**, die Korrekturen
korrigieren, du korrigierst
die **Kosmetikerin**
der **Kosmonaut**
die **Kosmonautin**
kostbar
kosten, du kostest (probieren)
kosten, es kostet (viel Geld kosten)
köstlich
das **Kostüm**, die Kostüme
der **Kot**
das **Kotelett**, die Koteletts
der **Köter**, die Köter
der **Kotflügel**
krabbeln, du krabbelst
der **Krach**
krachen, es kracht
krächzen, du krächzt
die **Kraft**, die Kräfte
das **Kraftfahrzeug**
kräftig
der **Kragen**, die Kragen, auch: die Krägen
die **Krähe**, die Krähen
krähen, du krähst
die **Kralle**, die Krallen
der **Krampf**, die Krämpfe
der **Kran**, die Kräne
der **Kranführer**
krank

das **Krankenhaus**, die Krankenhäuser
der **Krankenwagen**, die Krankenwagen
die **Krankheit**, die Krankheiten
der **Kranz**, die Kränze
der **Krapfen**, die Krapfen
kratzen, du kratzt
kraulen, du kraulst
kraus
das **Kraut**, die Kräuter
der **Kräutertee**
die **Krawatte**, die Krawatten
kraxeln, du kraxelst
kreativ
der **Krebs**, die Krebse
die **Kreide**, die Kreiden
kreidebleich
der **Kreis**, die Kreise
kreischen, du kreischst
der **Kreisel**, die Kreisel
die **Kreissäge**
die **Kreisstadt**, die Kreisstädte
die **Krem**, die Krems, auch: die Kreme oder Creme
das **Krepppapier**
das **Kreuz**, die Kreuze
die **Kreuzung**, die Kreuzungen
das **Kreuzworträtsel**
kribbeln, es kribbelt
kriechen, du kriechst, ich kroch
der **Krieg**, die Kriege
kriegen, du kriegst
der **Krimi**, die Krimis
die **Kriminalpolizei**
kriminell
der **Kringel**, die Kringel

K k

die **Krippe**, die Krippen (Futterkrippe)
das **Krippenspiel**
kritisch
kritzeln, du kritzelst
er **kroch** - kriechen
das **Krokodil**, die Krokodile
der **Krokus**, die Krokusse
die **Krone**, die Kronen
die **Kröte**, die Kröten
die **Krücke**, die Krücken
der **Krug**, die Krüge
der **Krümel**, die Krümel
krumm
die **Kruste**, die Krusten
das **Kruzifix**, die Kruzifixe
der **Kübel**, die Kübel
die **Küche**, die Küchen
der **Kuchen**, die Kuchen
der **Kuckuck**, die Kuckucke
die **Kufe**, die Kufen
die **Kugel**, die Kugeln
kugelrund
der **Kugelschreiber**
die **Kuh**, die Kühe
kühl
kühlen, sie kühlt
der **Kühlschrank**, die Kühlschränke
kühn
das **Küken**, die Küken
die **Kulisse**, die Kulissen
kullern, es kullert
die **Kultur**
der **Kümmel**
sich **kümmern**, du kümmerst dich

der **Kumpel**, die Kumpel
der **Kunde**
die **Kundin**
künftig
die **Kunst**, die Künste
der **Künstler**
die **Künstlerin**
das **Kunststück**
kunterbunt
die **Kuppel**, die Kuppeln
die **Kur**, die Kuren
die **Kurbel**, die Kurbeln
der **Kürbis**, die Kürbisse
kurios
der **Kurs**, die Kurse
die **Kurve**, die Kurven
kurvenreich
kurz, kürzer, am kürzesten
kurzärmlig, auch: kurzärmelig
kurzsichtig
kuscheln, du kuschelst
kuschlig, auch: kuschelig
die **Kusine**, die Kusinen, auch: die Cousine
der **Kuss**, die Küsse
küssen, du küsst
die **Küste**, die Küsten
die **Kutsche**, die Kutschen
der **Kutter**, die Kutter
das **Kuvert** (sprich: *kuwär*), die Kuverts

L l

l (Abkürzung für Liter)
das **Labor**, die Labors,
auch: die Labore
das **Labyrinth**, die Labyrinthe
lächeln, du lächelst
lachen, du lachst
lächerlich
der **Lachs**, die Lachse
der **Lack**, die Lacke
lackieren, du lackierst
laden, du lädst, er lud
der **Laden**, die Läden
du **lädst** - laden
er **lag** - liegen
das **Lager**, die Lager
lahm
der **Laib**, die Laibe
(ein Laib Brot)
der **Laich** (Froschlaich)
das **Laken**, die Laken
die **Lakritze**, die Lakritzen
lallen, du lallst
das **Lama**, die Lamas
das **Lametta**
das **Lamm**, die Lämmer
die **Lampe**, die Lampen
der **Lampion**, die Lampions
das **Land**, die Länder
die **Landkarte**
die **Landwirtschaft**
lang, länger, am längsten
langärmlig,
auch: langärmelig
langsam
langweilig
der **Lappen**, die Lappen
läppisch

die **Lärche**, die Lärchen
(Lärchenzapfen)
der **Lärm**
lärmen, du lärmst
der **Lärmschutz**
die **Larve**, die Larven
sie **las** - lesen
die **Lasche**, die Laschen
lassen, du lässt, sie ließ
lässig
das **Lasso**, die Lassos
du **lässt** - lassen
die **Last**, die Lasten
der **Laster**, die Laster
lästern, du lästerst
lästig
der **Lastkraftwagen**,
auch: der Lastwagen
Latein
die **Laterne**, die Laternen
latschen, du latschst
die **Latte**, die Latten
der **Latz**, die Lätze
lau
das **Laub**
der **Laubbaum**, die Laubbäume
lauern, du lauerst
der **Lauf**, die Läufe
laufen, er läuft, sie lief
der **Läufer**
die **Läuferin**
du **läufst** - laufen
die **Laune**
launisch
die **Laus**, die Läuse
der **Lausbub**
lauschen, du lauschst

A B C D E F G H I J K L

L l

	laut
der	**Laut**
	läuten, es läutet
der	**Lautsprecher**
die	**Lava**
die	**Lawine**, die Lawinen
	leben, er lebt
das	**Leben**
	lebendig
	lebensgefährlich
die	**Lebensmittel**
die	**Leber**, die Lebern
der	**Leberkäse**
	lebhaft
der	**Lebkuchen**
	lecken, du leckst
	lecker
der	**Leckerbissen**
das	**Leder**, die Leder
die	**Lederhose**
	ledig
	lediglich
	leer
	leeren, du leerst (den Papierkorb leeren)
	legen, er legt
die	**Legende**, die Legenden
der	**Lehm**
die	**Lehne**, die Lehnen
	lehren, du lehrst (ein Kunststück lehren)
der	**Lehrer**
die	**Lehrerin**
der	**Leib**, die Leiber (am ganzen Leib zittern)
die	**Leiche**, die Leichen (blass wie eine Leiche)
	leichenblass
der	**Leichnam**
	leicht
die	**Leichtathletik**
	leichtsinnig
	leiden, du leidest, er litt (an Kopfschmerzen leiden)
	leider
der	**Leierkasten**
	leiern, du leierst
	leihen, du leihst, sie lieh
der	**Leim**, die Leime
	leimen, du leimst
die	**Leine**, die Leinen
die	**Leinwand**
	leise, auch: leis
die	**Leiste**, die Leisten
	leisten, du leistest
	leiten, du leitest (eine Gruppenarbeit leiten)
die	**Leiter**, die Leitern
die	**Leitung**, die Leitungen
die	**Lektüre**
	lenken, du lenkst
der	**Leopard**, die Leoparden
die	**Lerche**, die Lerchen (Eine Lerche trillert.)
	lernen, du lernst
	lesbar
das	**Lesebuch**, die Lesebücher
	lesen, er liest, sie las
	leserlich
	letzte, letzter, letztes (ein letzter Blick)
die	**Leuchte**, die Leuchten
	leuchten, es leuchtet
der	**Leuchtturm**, die Leuchttürme

L l

leugnen, du leugnest
die **Leute**
das **Lexikon**, die Lexika, auch: die Lexiken
die **Libelle**, die Libellen
das **Licht**, die Lichter
lichtdurchlässig
das **Lid**, die Lider (das Augenlid)
lieb
die **Liebe**
lieben, du liebst
lieblich
das **Lieblingsspiel**
das **Lied**, die Lieder (ein Lied singen)
liederlich
er **lief** - laufen
liefern, du lieferst
der **Lieferwagen**
die **Liege**, die Liegen
liegen, er liegt, sie lag
der **Liegestütz**, die Liegestützen
sie **lieh** - leihen
sie **ließ** - lassen
du **liest** - lesen
der **Lift**, die Lifte
lila
die **Limo**, die Limos
die **Limonade**, die Limonaden
die **Linde**, die Linden
lindern, du linderst
das **Lineal**, die Lineale
die **Linie**, die Linien
liniert
links
der **Linkshänder**
das **Linoleum**

die **Linse**, die Linsen
die **Lippe**, die Lippen
lispeln, du lispelst
die **Liste**, die Listen
listig
der **Liter**, auch: das Liter, die Liter
die **Literatur**
die **Litfaßsäule** die Litfaßsäulen
er **litt** - leiden
live (sprich: *laif*)
die **Livesendung** (sprich: *laifsendung*)
der **Lkw** (Abkürzung für Lastkraftwagen), die Lkws
das **Lob**
loben, du lobst
das **Loch**, die Löcher
löchrig, auch: löcherig
die **Locke**, die Locken
locker
lockig
der **Lodenmantel**, die Lodenmäntel
lodern, es lodert
der **Löffel**, die Löffel
logisch
der **Lohn**, die Löhne
die **Loipe**, die Loipen
die **Lok**, die Loks
das **Lokal**, die Lokale
die **Lokomotive**, die Lokomotiven
der **Lolli**, die Lollis
los
das **Los**, die Lose

L l

das **Löschblatt**, die Löschblätter
löschen, du löschst
losen, du lost
lösen, du löst
losfahren,
du fährst los, sie fuhr los
losgehen,
du gehst los, er ging los
loslassen,
du lässt los, sie ließ los
die **Lösung**, die Lösungen
löten, du lötest
der **Lotse**, die Lotsen
die **Lotterie**, die Lotterien
das **Lotto**
der **Löwe**, die Löwen
der **Löwenzahn**
der **Luchs**, die Luchse
die **Lücke**, die Lücken
lückenlos
er **lud** - laden
die **Luft**, die Lüfte
der **Luftballon**, die Luftballons,
auch: die Luftballone
luftdicht
der **Luftdruck**
luftig
die **Lüftung**, die Lüftungen
die **Luftverschmutzung**
die **Lüge**, die Lügen
lügen, du lügst
der **Lügner**
die **Lügnerin**
die **Luke**, die Luken
der **Lümmel**, die Lümmel
sich **lümmeln**, du lümmelst dich
(an den Tisch)

der **Lumpen**, die Lumpen
die **Lunge**, die Lungen
die **Lungenentzündung**
die **Lupe**, die Lupen
der **Lurch**, die Lurche
die **Lust**
lustig
lutschen, du lutschst
Luxemburg
der **Luxemburger**
die **Luxemburgerin**
luxemburgisch
der **Luxus**

M m

m (Abkürzung für Meter)
machen, du machst
mächtig
das **Mädchen**, die Mädchen
die **Made**, die Maden
madig
die **Madonna**, die Madonnen
der **Magen**, die Magen,
auch: die Mägen
mager
der **Magier**, die Magier
der **Magnet**, die Magneten,
auch: die Magnete
magnetisch
du **magst** - mögen
der **Mähdrescher**
mähen, du mähst
mahlen, du mahlst
(Kaffee mahlen)
die **Mahlzeit**
die **Mähne**, die Mähnen
mahnen, du mahnst
die **Mahnung**, die Mahnungen
der **Mai**
der **Main**
der **Mais**
die **Majonäse**,
auch: die Mayonnaise
die **Makkaroni**
mal
das **Mal** (ein Muttermal)
malen, du malst
(ein Bild malen)
der **Maler**, die Maler
das **Malzbier**
die **Mama**, die Mamas,
auch: die Mami, die Mamis

das **Mammut**, die Mammuts
man
manch, manche,
mancher, manches
manchmal
die **Mandarine**, die Mandarinen
die **Mandel**, die Mandeln
die **Manege** (sprich: *maneesche*),
die Manegen
mangelhaft
der **Mann**, die Männer
männlich
die **Mannschaft**
manschen, du manschst
der **Manschettenknopf**
der **Mantel**, die Mäntel
das **Mäppchen**, die Mäppchen
die **Mappe**, die Mappen
das **Märchen**, die Märchen
märchenhaft
die **Margarine**
der **Marienkäfer**, die Marienkäfer
die **Marionette**, die Marionetten
die **Marke**, die Marken
markieren, du markierst
die **Markise**, die Markisen
der **Markt**, die Märkte
der **Marktplatz**, die Marktplätze
die **Marmelade**, die Marmeladen
der **Marmor**
der **Mars**
marschieren, du marschierst
der **Marterpfahl**, die Marterpfähle
das **Martinshorn**
der **März**
das **Marzipan**
die **Masche**, die Maschen

M m

die **Maschine**, die Maschinen
die **Masern**
die **Maske**, die Masken
sich **maskieren**, du maskierst dich
das **Maskottchen**, die Maskottchen
er **maß** - messen
das **Maß**
die **Massage** (sprich: *masaasche*)
die **Masse**, die Massen
massieren, du massierst
massiv
der **Maßstab**, die Maßstäbe
der **Mast**, die Masten, auch: die Maste
das **Match** (sprich: *mätsch*), die Matchs, auch: die Matche
das **Material**, die Materialien
die **Mathematik**
die **Matratze**, die Matratzen
der **Matrose**, die Matrosen
matschig
matt
die **Matte**, die Matten
die **Mauer**, die Mauern
das **Maul**, die Mäuler
maulen, du maulst
der **Maulwurf**, die Maulwürfe
der **Maurer**, die Maurer
die **Maus**, die Mäuse
die **Mayonnaise**, auch: die Majonäse
der **Mechaniker**
die **Mechanikerin**
meckern, du meckerst

Mecklenburg-Vorpommern
die **Medaille** (sprich: *medallje*), die Medaillen
das **Medikament**, die Medikamente
die **Medizin**
das **Meer**, die Meere (im Meer baden)
der **Meerrettich**
das **Meerschweinchen**
das **Meerwasser**
das **Mehl**
mehr (mehr wollen) - viel
mehrere
mehrmals
die **Mehrzahl**
mein, meine, meiner
meinen, du meinst
die **Meinung**, die Meinungen
die **Meise**, die Meisen
der **Meißel**, die Meißel
am **meisten** - viel
meistens
der **Meister**
die **Meisterin**
die **Meisterschaft**
sich **melden**, du meldest dich
melken, du melkst
die **Melodie**, die Melodien
die **Melone**, die Melonen
das **Memory**, die Memorys
die **Menge**, die Mengen
der **Mensch**, die Menschen
die **Menstruation**
das **Menü**, die Menüs
merken, du merkst
der **Merksatz**, die Merksätze

M m

merkwürdig
die **Messe**, die Messen
messen, du misst, er maß
das **Messer**, die Messer
das **Messgerät**
das **Messing**
das **Metall**, die Metalle
metallic
der **Meteorit**, die Meteoriten
der **Meter**, auch: das Meter, die Meter
meterlang
das **Metermaß**, die Metermaße
die **Methode**, die Methoden
die **Mettwurst**, die Mettwürste
der **Metzger**, die Metzger
die **Metzgerei**, die Metzgereien
meutern, du meuterst
miauen, du miaust
mich
mickrig, auch: mickerig
die **Mickymaus**
die **Miene**, die Mienen (eine saure Miene machen)
mies
die **Miete**, die Mieten
mieten, du mietest
das **Mikrofon**, die Mikrofone, auch: das Mikrophon, die Mikrophone
das **Mikroskop**, die Mikroskope
die **Milch**
die **Milchflasche**
mild, auch: milde
die **Milliarde**, die Milliarden
der **Millimeter**, die Millimeter
die **Million**, die Millionen
der **Millionär**, die Millionäre
mindestens
das **Mineralwasser**
mini
das **Minigolf**
der **Minister**
die **Ministerin**
der **Ministrant**
die **Ministrantin**
minus
das **Minuszeichen**
die **Minute**, die Minuten
mir
mischen, du mischst
der **Mischmasch**
miserabel
der **Misserfolg**
das **Missgeschick**
die **Mission**, die Missionen
der **Missionar**
die **Missionarin**
du **misst** - messen
misstrauisch
der **Mist**

mit
Mit

mit
mitbringen, du bringst mit, er brachte mit
miteinander
mitgehen, du gehst mit, sie ging mit
das **Mitglied**, die Mitglieder
der **Mitlaut**, die Mitlaute
das **Mitleid**
mitmachen, du machst mit

M m

mitnehmen,
du nimmst mit, er nahm mit
der **Mitschüler**
die **Mitschülerin**
der **Mittag**, die Mittage,
eines Mittags, heute Mittag
das **Mittagessen**
mittags
die **Mitte**
mitteilen, du teilst mit
das **Mittelalter**
das **Mittelmeer**
mitten
die **Mitternacht**
der **Mittwoch**, die Mittwoche
mittwochs
mixen, du mixt
der **Mixer**, die Mixer
mm (Abkürzung für
Millimeter)
das **Möbel**, die Möbel
er **mochte** - mögen
er **möchte** - mögen
die **Mode**, die Moden
das **Modell**, die Modelle
modern
das **Mofa**, die Mofas
mogeln, du mogelst
mögen,
du magst, er mochte
möglich
die **Möglichkeit**,
die Möglichkeiten
der **Mohn**
die **Möhre**, die Möhren
die **Mohrrübe**
der **Mokka**, die Mokkas

mollig
der **Moment**, die Momente
momentan
der **Monat**, die Monate
der **Mönch**, die Mönche
der **Mond**, die Monde
der **Mondschein**
der **Monitor**, die Monitore
das **Monster**, die Monster
der **Montag**, die Montage
die **Montage**
(sprich: *montaasche*),
die Montagen
montags
der **Monteur** (sprich: *montör*),
die Monteure
montieren, du montierst
das **Moor**, die Moore
das **Moos**, die Moose
das **Moped**, die Mopeds
der **Mops**, die Möpse
der **Morast**
der **Mord**, die Morde
morgen
der **Morgen**, die Morgen,
eines Morgens, heute Morgen
morgens
morsch
der **Mörtel**
das **Mosaik**, die Mosaike,
auch: die Mosaiken
die **Moschee**, die Moscheen
die **Mosel**
der **Moslem**
die **Moslime**
der **Motor**, die Motoren
das **Motorboot**

M m

das **Motorrad**, die Motorräder
die **Motte**, die Motten
das **Motto**
motzen, du motzt
das **Mountainbike** (sprich: *Mountenbeik*), die Mountainbikes
die **Möwe**, die Möwen
die **Mücke**, die Mücken
der **Mückenstich**
mucksmäuschenstill
müde
die **Mühe**, die Mühen
die **Mühle**, die Mühlen
das **Mühlespiel**
mühsam
die **Mulde**, die Mulden
der **Müll**
die **Müllabfuhr**
die **Mullbinde**
der **Müllcontainer**
die **Mülldeponie**
der **Mülleimer**
die **Müllkippe**
die **Mülltonne**
die **Mülltrennung**
die **Multiplikation**, die Multiplikationen
multiplizieren, du multiplizierst
der **Mumps**
der **Mund**, die Münder
die **Mundharmonika**
die **Mündung**, die Mündungen
munkeln, du munkelst
munter
die **Münze**, die Münzen
der **Münzfernsprecher**
mürbe
die **Murmel**, die Murmeln
murmeln, du murmelst
das **Murmeltier**
murren, du murrst
mürrisch
das **Mus**
die **Muschel**, die Muscheln
das **Museum**, die Museen
die **Musik**
musikalisch
der **Musikant**
die **Musikantin**
der **Musiker**
die **Musikerin**
musizieren, du musizierst
der **Muskel**, die Muskeln
das **Müsli**, die Müslis
er **muss** - müssen
müssen, er muss
das **Muster**, die Muster
der **Mut**
mutig
die **Mutter**, die Mütter (meine Mutter)
die **Mutter**, die Muttern (Mutter und Schraube)
die **Muttersprache**
die **Mütze**, die Mützen

der **Nabel**, die Nabel
nach
Nach
nach
der **Nachbar**, die Nachbarn
die **Nachbarschaft**
nachdem
nachdenken, du denkst nach, sie dachte nach
nacheinander
die **Nacherzählung**
nach Hause
nachher
die **Nachhilfestunde**
der **Nachkomme**, die Nachkommen
nachlässig
nachmachen, du machst nach
der **Nachmittag**, die Nachmittage
nachmittags
der **Nachname**
die **Nachricht**, die Nachrichten
die **Nachrichtensendung**
die **Nachschrift**, die Nachschriften
die **Nachsilbe**, die Nachsilben
die **Nachspeise**, die Nachspeisen
nächste, nächster, nächstes
am **nächsten** - nah
nächstens
die **Nacht**, die Nächte
der **Nachteil**, die Nachteile
der **Nachtisch**, die Nachtische
nachträglich
nachts
der **Nachwuchs**
nachzählen, du zählst nach

N n

der **Nacken**, die Nacken
nackt
die **Nadel**, die Nadeln
der **Nadelbaum**, die Nadelbäume
der **Nagel**, die Nägel
der **Nagellack**
nageln, du nagelst
nagen, du nagst
das **Nagetier**, die Nagetiere
nah, auch: nahe, näher, am nächsten
die **Nähe**
nähen, du nähst
näher - nah
sie **nahm** - nehmen
die **Nähmaschine**
die **Nahrung**
die **Naht**, die Nähte
das **Nähzeug**
naiv
na ja!
der **Name**, die Namen
der **Namenstag**
das **Namenwort**, die Namenwörter
nämlich
er **nannte** - nennen
der **Napf**, die Näpfe
die **Narbe**, die Narben
die **Narkose**, die Narkosen
der **Narr**, die Narren
närrisch
die **Narzisse**, die Narzissen
naschen, du naschst
die **Nase**, die Nasen
das **Nasenbluten**
nass, nasser, am nassesten, auch: nässer, am nässesten

N n

die **Nässe**
die **Nation**, die Nationen
die **Natur**
natürlich
der **Nebel**, die Nebel
neben
nebenan
nebeneinander
nebenher
neblig, auch: nebelig
der **Neckar**
necken, du neckst
der **Neffe**, die Neffen
negativ
nehmen, er nimmt, sie nahm
der **Neid**
neidisch
sich **neigen**, es neigt sich
nein
der **Nektar**
die **Nelke**, die Nelken
nennen, du nennst, er nannte
der **Nerv**, die Nerven
nervös
das **Nest**, die Nester
nett
das **Netz**, die Netze
neu
neugierig
das **Neujahr**
neun, neunmal
neunzehn
neunzig
der **Neuschnee**
neutral
nicht
die **Nichte**, die Nichten

der **Nichtraucher**
nichts
der **Nichtschwimmer**
nicken, du nickst
nie
nieder
die **Niederlande**
der **Niederländer**
die **Niederländerin**
niederländisch
Niedersachsen
niedersächsisch
der **Niederschlag**, die Niederschläge
niedlich
niedrig
niemals
niemand, niemanden
die **Niere**, die Nieren
nieseln, es nieselt
niesen, du niest
das **Niespulver**
die **Niete**, die Nieten
der **Nikolaus**
das **Nilpferd**, die Nilpferde
du **nimmst** - nehmen
nippen, du nippst
nirgends
nirgendwo
die **Nische**, die Nischen
der **Nistkasten**, die Nistkästen
die **Nixe**, die Nixen
nobel
noch
nochmal
das **Nomen**, die Nomen, auch: die Nomina

N n

der **Nominativ**
die **Nonne**, die Nonnen
der **Nonsens**
nonstop
der **Norden**
nördlich
der **Nordpol**
Nordrhein-Westfalen
die **Nordsee**
nörgeln, du nörgelst
normal
Norwegen
der **Norweger**
die **Norwegerin**
norwegisch
die **Not**, die Nöte
der **Notarzt**, die Notärzte
der **Notarztwagen**
die **Note**, die Noten
notieren, du notierst
nötig
der **Notizblock**, die Notizblöcke
der **Notruf**
notwendig
der **November**
im **Nu**
nüchtern
nuckeln, du nuckelst
die **Nudel**, die Nudeln
null
die **Null**, die Nullen
der **Nullpunkt**
die **Nummer**, die Nummern
nummerieren,
du nummerierst
nun
nur

die **Nuss**, die Nüsse
der **Nussknacker**
nützen, es nützt,
auch: nutzen, es nutzt
nützlich

A
B
C
D
E
F
G
H
I
J
K
L
M
N

O o

die **Oase**, die Oasen
ob
Obacht geben, du gibst Obacht, er gab Obacht
die **O-Beine**
oben
der **Ober**, die Ober
die **Oberfläche**
oberhalb
der **Oberkiefer**
das **Objekt**, die Objekte
objektiv
die **Oblate**, die Oblaten
das **Obst**
die **Obstsorten**
obwohl
der **Ochse**, die Ochsen
ocker
öd, auch: öde
oder
die **Oder**
der **Ofen**, die Öfen
offen
öffentlich
offiziell
öffnen, du öffnest
die **Öffnung**, die Öffnungen
oft, öfter, am öftesten
oh!
ohne
ohnmächtig
das **Ohr**, die Ohren
oje!
o.k. (Abkürzung für okay)
okay
der **Oktober**
das **Öl**, die Öle

ölen, du ölst
ölig
die **Olive**, die Oliven
der **Öltank**, die Öltanks
die **Olympiade**, die Olympiaden
die **Olympischen Spiele**
die **Oma**, die Omas, auch: die Omi, die Omis
das **Omelett**, die Omeletts
der **Omnibus**, die Omnibusse
der **Onkel**, die Onkel
der **Opa**, die Opas, auch: der Opi, die Opis
die **Oper**, die Opern
die **Operation**, die Operationen
operieren, du wirst operiert
das **Opfer**, die Opfer
optimal
orange
die **Orange**, die Orangen
der **Orang-Utan**, die Orang-Utans
das **Orchester**
die **Orchidee**, die Orchideen
ordentlich
ordnen, du ordnest
die **Ordnung**
das **Organ**, die Organe
organisieren, du organisierst
die **Orgel**, die Orgeln
der **Orient**
orientalisch
sich **orientieren**, du orientierst dich
original
originell
der **Orkan**, die Orkane
der **Ort**, die Orte

O o

- die **Ortschaft**, die Ortschaften
- der **Osten**
- **Ostern**
- **Österreich**
- der **Österreicher**
- die **Österreicherin**
- **österreichisch**
- **östlich**
- die **Ostsee**
- **oval**
- der **Overall**, die Overalls
- der **Overheadprojektor**
- **o weh!**
- der **Ozean**, die Ozeane
- das **Ozonloch**
- die **Ozonschicht**
- der **Ozonwert**

ein **paar** (ein paar Sachen)
das **Paar**, die Paare
(ein Paar Schuhe)
das **Päckchen**, die Päckchen
packen, du packst
(einen Koffer packen)
das **Packpapier**
die **Packung**, die Packungen
das **Paddel**, die Paddel
paddeln, du paddelst
das **Paket**, die Pakete
der **Palast**, die Paläste
die **Palme**, die Palmen
der **Palmsonntag**
die **Pampelmuse**
die **Panik**
die **Panne**, die Pannen
der **Panther**, auch: der Panter
der **Pantoffel**, die Pantoffeln
der **Panzer**, die Panzer
der **Papa**, die Papas,
auch: der Papi, die Papis
der **Papagei**, die Papageien
das **Papier**, die Papiere
der **Papierkorb**, die Papierkörbe
der **Pappdeckel**, die Pappdeckel
die **Pappe**, die Pappen
die **Pappel**, die Pappeln
der **Paprika**, die Paprika,
auch: die Paprikas
der **Papst**, die Päpste
das **Paradies**, die Paradiese
parallel
parat
das **Pärchen**, die Pärchen
der **Parcours** (sprich: *parkuur*),
die Parcours

P p

das **Parfüm**, die Parfüme,
auch: das Parfum,
die Parfums
der **Park**, die Parks
der **Parka**, die Parkas
parken, du parkst
das **Parkett**
der **Parkplatz**, die Parkplätze
das **Parlament**, die Parlamente
die **Partei**, die Parteien
der **Partner**
die **Partnerin**
die **Party**, die Partys
der **Pass**, die Pässe
der **Passagier**
(sprich: *passaschiir*),
die Passagiere
der **Passant**
die **Passantin**
das **Passbild**
passen, du passt
passieren, es passiert
passiv
die **Paste**, die Pasten
die **Pastete**, die Pasteten
der **Pastor**
die **Pastorin**
der **Pate**
der **Patient**
die **Patientin**
die **Patin**
die **Patrone**, die Patronen
pauken, du paukst
die **Pause**, die Pausen
der **Pavian**, die Paviane
der **Pazifik**
der **Pazifische Ozean**

P p

der **PC** (Abkürzung für Personal Computer)
das **Pech**
das **Pedal**, die Pedale
peinlich
die **Peitsche**, die Peitschen
der **Pelikan**, die Pelikane
die **Pelle**, die Pellen
pellen, du pellst
der **Pelz**, die Pelze
pelzig
das **Pendel**, die Pendel
der **Pendler**, die Pendler
peng!
der **Penis**
die **Pension**, die Pensionen
perfekt
die **Periode**, die Perioden
die **Perle**, die Perlen
die **Person**, die Personen
der **Personalausweis**
das **Personalpronomen**, die Personalpronomen, auch: die Personalpronomina
persönlich
die **Perücke**, die Perücken
die **Petersilie**
das **Petroleum**
petzen, du petzt
der **Pfad**, die Pfade
der **Pfadfinder**
der **Pfahl**, die Pfähle
das **Pfand**, die Pfänder
die **Pfandflasche**
die **Pfanne**, die Pfannen
der **Pfannkuchen**
der **Pfarrer**
die **Pfarrerin**
der **Pfau**, die Pfauen
der **Pfeffer**
die **Pfefferminze**
die **Pfeife**, die Pfeifen
pfeifen, du pfeifst, sie pfiff
der **Pfeil**, die Pfeile
der **Pfeiler**, die Pfeiler
das **Pferd**, die Pferde
sie **pfiff** - pfeifen
der **Pfiff**, die Pfiffe
der **Pfifferling**, die Pfifferlinge
pfiffig
Pfingsten
der **Pfirsich**, die Pfirsiche
die **Pflanze**, die Pflanzen
pflanzen, du pflanzt
das **Pflaster**, die Pflaster
die **Pflaume**, die Pflaumen
pflegen, er pflegt
der **Pfleger**
die **Pflegerin**
die **Pflicht**, die Pflichten
pflücken, du pflückst
der **Pflug**, die Pflüge
pflügen, du pflügst
die **Pforte**, die Pforten
der **Pfosten**, die Pfosten
die **Pfote**, die Pfoten
pfui!
das **Pfund**, die Pfunde
pfuschen, du pfuschst
die **Pfütze**, die Pfützen
die **Physik**
der **Pickel**, die Pickel
picken, er pickt
das **Picknick**, die Picknicks

piekfein

piepen, es piept

piepsen, es piepst

der **Pilger**, die Pilger

die **Pille**, die Pillen

der **Pilot**

die **Pilotin**

das **Pils** (Bier)

der **Pilz**, die Pilze (Pilze suchen)

der **Pinguin**, die Pinguine

pink

die **Pinnwand**, die Pinnwände

der **Pinsel**, die Pinsel

die **Pinzette**, die Pinzetten

der **Pirat**, die Piraten

die **Piste**, die Pisten

die **Pistole**, die Pistolen

die **Pizza**, die Pizzas, auch: die Pizzen

die **Pizzeria**, die Pizzerien, auch: die Pizzerias

der **Pkw** (Abkürzung für Personenkraftwagen), die Pkws

sich **plagen**, du plagst dich

das **Plakat**, die Plakate

die **Plakette**, die Plaketten

der **Plan**, die Pläne

planen, du planst

der **Planet**, die Planeten

die **Planke**, die Planken

das **Plantschbecken**, auch: das Planschbecken

plantschen, du plantschst, auch: planschen

plappern, du plapperst

Pp

plärren, du plärrst

das **Plastik** (ein Plastikeimer)

das **Plastilin**

plätschern, es plätschert

platt

die **Platte**, die Platten

der **Platz**, die Plätze

das **Plätzchen**, die Plätzchen

platzen, es platzt

plaudern, du plauderst

das **Play-back** (sprich: *plebäk*), auch: das Playback

pleite

die **Plombe**, die Plomben

plombieren, er plombiert

plötzlich

plump

plumpsen, er plumpst

plündern, du plünderst

der **Plural**

plus

der **Po**, die Pos, auch: der Popo

pochen, du pochst

das **Podium**, die Podien

das **Poesiealbum**, die Poesiealben

der **Pokal**, die Pokale

das **Pokalspiel**

der **Pol**, die Pole

der **Pole**

Polen

die **Polin**

die **Politesse**

der **Politiker**

die **Politikerin**

die **Polizei**

der **Polizist**

P p

die **Polizistin**
der **Pollen**, die Pollen
polnisch
das **Polster**, die Polster
poltern, du polterst
die **Pommes frites**
(sprich: *pommfrit*)
das **Pony**, die Ponys
der **Pool** (sprich: *puul*), die Pools
das **Popcorn**
die **Popmusik**
der **Popo**, die Popos,
auch: der Po
der **Popstar**, die Popstars
populär
die **Pore**, die Poren
die **Portion**, die Portionen
das **Portmonee**, die Portmonees,
auch: das Portemonnaie
das **Porto**
Portugal
der **Portugiese**
die **Portugiesin**
portugiesisch
das **Porzellan**, die Porzellane
die **Posaune**, die Posaunen
positiv
die **Post**
das **Postamt**, die Postämter
das **Poster**, die Poster
prächtig
das **Prädikat**, die Prädikate
prahlen, du prahlst
praktisch
die **Praline**, die Pralinen
prall
die **Prämie**, die Prämien

die **Präposition**,
die Präpositionen
die **Prärie**
das **Präsens**
der **Präsident**
die **Präsidentin**
prasseln, es prasselt
das **Präteritum**
die **Praxis**, die Praxen
die **Predigt**, die Predigten
der **Preis**, die Preise
das **Preisausschreiben**
preiswert
prellen, du prellst
pressen, du presst
pressieren, es pressiert
der **Priester**, die Priester
prima
primitiv
der **Prinz**
die **Prinzessin**
die **Prise**, die Prisen
(eine Prise Salz)
die **Pritsche**, die Pritschen
privat
die **Probe**, die Proben
probieren, du probierst
das **Problem**, die Probleme
das **Produkt**, die Produkte
der **Professor**
die **Professorin**
der **Profi**, die Profis
das **Programm**, die Programme
das **Projekt**, die Projekte
der **Projektor**, die Projektoren
prominent
prompt

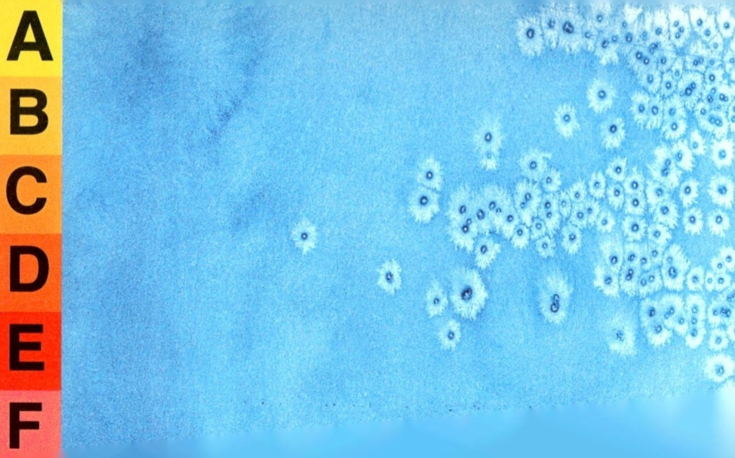
A
B
C
D
E
F

R r

der **Rabe**, die Raben
rabenschwarz
die **Rache**
der **Rachen**, die Rachen
sich **rächen**, du rächst dich (ein Unrecht rächen)
das **Rad**, die Räder
der **Radau**
der **Radfahrer**
die **Radfahrerin**
radieren, du radierst
der **Radiergummi**
das **Radieschen**, die Radieschen
das **Radio**, die Radios
raffiniert
ragen, es ragt
der **Rahm**
der **Rahmen**, die Rahmen
sich **räkeln**, du räkelst dich, auch: sich rekeln
die **Rakete**, die Raketen
die **Rallye** (sprich: *rälli*), die Rallyes
der **Ramadan**
rammen, du rammst
die **Ranch** (sprich: *ränsch*), die Ranchs, auch: die Ranches
der **Rand**, die Ränder
der **Rang**, die Ränge
rangeln, du rangelst
rangieren, du rangierst
es **rann** - rinnen
sie **rannte** - rennen
der **Ranzen**, die Ranzen
ranzig
der **Rappe**, die Rappen

der **Raps**
rar
rasant
rasch
rascheln, du raschelst
rasen, du rast
der **Rasen**, die Rasen
der **Rasierapparat**
sich **rasieren**, du rasierst dich
raspeln, du raspelst
die **Rasse**, die Rassen
rasseln, du rasselst
rasten, du rastest
die **Raststätte**, die Raststätten
der **Rat**
die **Rate**, die Raten (eine Rate zahlen)
raten, du rätst, sie riet
ratschen, du ratschst
das **Rätsel**, die Rätsel
du **rätst** - raten
die **Ratte**, die Ratten
rattern, du ratterst
rau
rauben, du raubst
der **Räuber**, die Räuber
der **Rauch**
rauchen, du rauchst
rauf
der **Raufbold**, die Raufbolde
raufen, du raufst
die **Rauferei**, die Raufereien
der **Raum**, die Räume
räumen, du räumst
die **Raupe**, die Raupen
raus

R r

rauschen, es rauscht
das **Rauschgift**
rauskommen, du kommst raus, sie kam raus
sich **räuspern**, du räusperst dich
die **Ravioli**
reagieren, du reagierst
die **Reaktion**, die Reaktionen
die **Realschule**
der **Realschüler**
die **Realschülerin**
die **Rebe**, die Reben
rechen, du rechst (das Beet rechen)
der **Rechen**, die Rechen
der **Rechenfehler**
rechnen, du rechnest
die **Rechnung**, die Rechnungen
recht
das **Recht**
das **Rechteck**
rechteckig
rechts
die **Rechtschreibung**
rechtzeitig
das **Reck**, die Recks, auch: die Recke
sich **recken**, du reckst dich
der **Recorder**, die Recorder, auch: der Rekorder
das **Recycling** (sprich: *risaikling*)
reden, du redest
das **Regal**, die Regale
die **Regatta**, die Regatten
rege
die **Regel**, die Regeln
regelmäßig
der **Regen**
der **Regenbogen**
der **Regenschirm**
der **Regentropfen**
regieren, sie regiert
regnen, es regnet
das **Reh**, die Rehe
reiben, du reibst, sie rieb
reich
reichen, du reichst
reif
der **Reif**
der **Reifen**, die Reifen
die **Reifenpanne**
die **Reihe**, die Reihen
der **Reiher**, die Reiher
reimen, du reimst
sich **reimen**, es reimt sich
rein
reinfallen, du fällst rein, er fiel rein
reinigen, du reinigst
reinkommen, du kommst rein, er kam rein
der **Reis**
die **Reise**, die Reisen
das **Reisebüro**
reisen, du reist (nach Italien reisen)
das **Reisig**
das **Reiskorn**, die Reiskörner
reißen, du reißt, er riss (Ein Seil reißt.)
der **Reißverschluss**, die Reißverschlüsse
reiten, du reitest, sie ritt

R r

reizend
die **Reklame**, die Reklamen
reklamieren, du reklamierst
der **Rekord**, die Rekorde
der **Rekorder**, die Rekorder
der **Rektor**
die **Rektorin**
relativ
die **Religion**, die Religionen
rempeln, du rempelst
rennen, du rennst, sie rannte
renovieren, du renovierst
die **Rente**, die Renten
der **Rentner**
die **Rentnerin**
die **Reparatur**, die Reparaturen
reparieren, du reparierst
die **Reportage** (sprich: *reportaasche*), die Reportagen
der **Reporter**
die **Reporterin**
das **Reptil**, die Reptilien
die **Republik**, die Republiken
reservieren, du reservierst
der **Respekt**
der **Rest**, die Reste
das **Restaurant** (sprich: *restorang*), die Restaurants
retten, du rettest
der **Rettich**, die Rettiche
die **Reue**
das **Revier**, die Reviere
der **Revolver**, die Revolver

das **Rezept**, die Rezepte
der **Rhabarber**
der **Rhein**
Rheinland-Pfalz
rhythmisch
der **Rhythmus**, die Rhythmen
richten, du richtest
der **Richter**
die **Richterin**
richtig
die **Richtung**, die Richtungen
sie **rieb** - reiben
riechen, es riecht, es roch
sie **rief** - rufen
der **Riegel**, die Riegel
der **Riemen**, die Riemen
der **Riese**, die Riesen
rieseln, es rieselt
riesengroß
riesig (ein riesiger Berg)
sie **riet** - raten
die **Rille**, die Rillen
das **Rind**, die Rinder
die **Rinde**, die Rinden
der **Rinderwahnsinn**
der **Ring**, die Ringe
ringen, du ringst
der **Ringkampf**, die Ringkämpfe
ringsherum
rinnen, es rinnt, es rann
die **Rippe**, die Rippen
das **Risiko**, die Risikos, auch: die Risiken
er **riss** - reißen
der **Riss**, die Risse
rissig (eine rissige Wand)
sie **ritt** - reiten

R r

der **Ritter**, die Ritter
die **Ritze**, die Ritzen
die **Robbe**, die Robben
der **Roboter**, die Roboter
robust
es **roch** - riechen
der **Rock**, die Röcke
der **Rocker**, die Rocker
rodeln, du rodelst
der **Roggen**
roh
das **Rohr**, die Rohre
die **Röhre**, die Röhren
die **Rolle**, die Rollen
rollen, du rollst
die **Rollerblades**
die **Rollerskates**
der **Rollmops**, die Rollmöpse
der **Rollschuh**, die Rollschuhe
der **Roman**, die Romane
romantisch
röntgen, du wirst geröntgt
rosa
die **Rose**, die Rosen
die **Rosine**, die Rosinen
das **Ross**, die Rösser
der **Rost**, die Roste
rosten, es rostet
rösten, du röstest
rot
das **Rote Kreuz**
das **Rotkehlchen**
rubbeln, du rubbelst
die **Rübe**, die Rüben
rücken, du rückst
der **Rücken**, die Rücken
Rücken schwimmen

die **Rückfahrkarte**
der **Rucksack**, die Rucksäcke
die **Rücksicht**
der **Rückspiegel**
der **Rückstrahler**
rückwärts
der **Rüde**, die Rüden
das **Rudel**, die Rudel
das **Ruder**, die Ruder
rudern, du ruderst
der **Ruf**, die Rufe
rufen, du rufst, sie rief
die **Ruhe**
ruhig
rühren, du rührst
die **Ruine**, die Ruinen
rülpsen, du rülpst
der **Rumäne**
Rumänien
die **Rumänin**
rumänisch
der **Rummelplatz**
rumoren, du rumorst
die **Rumpelkammer**
rumpeln, es rumpelt
der **Rumpf**, die Rümpfe
rund
die **Runde**, die Runden
der **Rundfunk**
runter
runzlig, auch: runzelig
rupfen, du rupfst
der **Ruß**
der **Russe**
die **Russin**
der **Rüssel**, die Rüssel
rußig

	russisch	
	Russland	
	rustikal	
die	**Rüstung**	die Rüstungen
die	**Rute**	die Ruten
die	**Rutschbahn**	
die	**Rutsche**	die Rutschen
	rutschen	du rutschst
	rütteln	du rüttelst

R r

A B C D E F G H I J K L M N O P Qu R

A
B
C
D
E
F
G
H
I
J
K
L
M
N
O
P
Qu
R

S s

der **Saal**, die Säle
Saarland
saarländisch
die **Saat**, die Saaten
der **Sabbat**
die **Sache**, die Sachen
sächlich
Sachsen
Sachsen-Anhalt
sächsisch
der **Sack**, die Säcke
die **Sackgasse**
säen, du säst
die **Safari**, die Safaris
der **Saft**, die Säfte
saftig
die **Sage**, die Sagen
die **Säge**, die Sägen
sagen, er sagt
sägen, du sägst
sagenhaft
die **Sägespäne**
er **sah** - sehen
die **Sahne**
die **Saite**, die Saiten
(die Saite der Gitarre)
der **Salamander**
die **Salami**, die Salamis
der **Salat**, die Salate
das **Salatöl**
die **Salbe**, die Salben
der **Salto**, die Saltos,
auch: die Salti
das **Salz**
der **Salzhering**
salzig
die **Salzkartoffel**

der **Samen**, auch: der Same,
die Samen
sammeln, du sammelst
die **Sammlung**, die Sammlungen
der **Samstag**, die Samstage
samstags
der **Samt**
das **Samtkleid**
sämtlich, sämtliche
das **Sanatorium**, die Sanatorien
der **Sand**
die **Sandale**, die Sandalen
sandig
der **Sandkasten**, die Sandkasten,
auch: die Sandkästen
der **Sandstrand**, die Sandstrände
er **sandte** - senden
das **Sandwich**
(sprich: *sändwitsch*),
die Sandwichs,
auch: die Sandwiches
sanft
sie **sang** - singen
der **Sänger**
die **Sängerin**
der **Sanitäter**
die **Sanitäterin**
er **sank** - sinken
der **Sarg**, die Särge
sie **saß** - sitzen
der **Satellit**, die Satelliten
satt
der **Sattel**, die Sättel
der **Satz**, die Sätze
die **Satzaussage**
der **Satzgegenstand**
das **Satzzeichen**

A B C D E F G H I J K L M N O P Qu R S

S s

die **Sau**, die Säue,
auch: die Sauen
sauber
das **Sauerkraut**
der **Sauerstoff**
saufen, du säufst, er soff
du **säufst** - saufen
saugen, du saugst
das **Säugetier**
der **Säugling**, die Säuglinge
die **Säule**, die Säulen
der **Saum**
die **Sauna**, die Saunas,
auch: die Saunen
der **Saurier**, die Saurier
sausen, du saust
die **S-Bahn**, die S-Bahnen
der **Scanner** (sprich: *skänner*),
die Scanner
schäbig
die **Schablone**, die Schablonen
das **Schach**
das **Schachbrett**
der **Schacht**, die Schächte
die **Schachtel**, die Schachteln
schade
der **Schädel**, die Schädel
der **Schaden**, die Schäden
schädlich
das **Schaf**, die Schafe
der **Schäferhund**
schaffen, du schaffst,
er schaffte (Das schaffst du.)
schaffen,
du schaffst, er schuf
(ein Kunstwerk schaffen)
der **Schaffner**
die **Schaffnerin**
der **Schafkäse**,
auch: der Schafskäse
der **Schal**, die Schale,
auch: die Schals
die **Schale**, die Schalen
schälen, du schälst
der **Schall**
die **Schallplatte**
er **schalt** - schelten
schalten, du schaltest
der **Schalter**, die Schalter
das **Schaltjahr**
die **Schaltung**
sich **schämen**, du schämst dich
die **Schande**
die **Schanze**, die Schanzen
die **Schar**, die Scharen
scharf, schärfer,
am schärfsten
die **Schärfe**
der **Scharlach**
scharren, du scharrst
der **Schaschlik**,
auch: das Schaschlik,
die Schaschliks
der **Schatten**, die Schatten
schattig
der **Schatz**, die Schätze
schätzen, du schätzt
schauen, du schaust
der **Schauer**, die Schauer
die **Schaufel**, die Schaufeln
schaufeln, du schaufelst
das **Schaufenster**
die **Schaukel**, die Schaukeln
schaukeln, du schaukelst

der **Schaum**
schäumen, es schäumt
der **Schaumstoff**
der **Schauspieler**
die **Schauspielerin**
der **Scheck**, die Schecks
scheckig
die **Scheibe**, die Scheiben
die **Scheide**, die Scheiden
die **Scheidung**
scheinbar
scheinen,
es scheint, es schien
der **Scheitel**, die Scheitel
schellen, du schellst
der **Schelm**
schelten,
du schiltst, er schalt
der **Schemel**, die Schemel
der **Schenkel**, die Schenkel
schenken, du schenkst
scheppern, es scheppert
die **Scherbe**, die Scherben
die **Schere**, die Scheren
der **Scherz**, die Scherze
scherzen, du scherzt
scheu
scheuchen, du scheuchst
scheuern, du scheuerst
die **Scheune**, die Scheunen
scheußlich
der **Schi**, die Schi, auch: die Schier, auch: der Ski
die **Schicht**, die Schichten
schick, auch: chic
schicken, du schickst
das **Schicksal**, die Schicksale

Ss

schieben,
du schiebst, sie schob
die **Schiebetür**
der **Schiedsrichter**
schief
schielen, du schielst
es **schien** - scheinen
das **Schienbein**
die **Schiene**, die Schienen
schießen,
du schießt, er schoss
das **Schiff**, die Schiffe
die **Schifffahrt**
das **Schild**, die Schilder
schildern, du schilderst
die **Schildkröte**, die Schildkröten
das **Schilf**
du **schiltst** - schelten
der **Schimmel**, die Schimmel
schimmern, es schimmert
schimmlig
der **Schimpanse**,
die Schimpansen
schimpfen, du schimpfst
das **Schimpfwort**,
die Schimpfwörter
der **Schinken**, die Schinken
die **Schippe**, die Schippen
der **Schirm**, die Schirme
schlachten, du schlachtest
der **Schlaf**
der **Schlafanzug**,
die Schlafanzüge
schlafen,
er schläft, sie schlief
schlaff
er **schläft** - schlafen

A B C D E F G H I J K L M N O P Qu R S

S s

der **Schlag**, die Schläge
schlagen,
er schlägt, er schlug
der **Schlager**, die Schlager
der **Schläger**, die Schläger
die **Schlägerei**
schlägern, du schlägerst
die **Schlagsahne**
er **schlägt** - schlagen
der **Schlamassel**,
auch: das Schlamassel
der **Schlamm**
die **Schlamperei**
schlampig
sie **schlang** - schlingen
die **Schlange**, die Schlangen
sich **schlängeln**,
du schlängelst dich
schlank
schlapp
das **Schlaraffenland**
schlau
der **Schlauch**, die Schläuche
schlecht
schlecken, du schleckst
schleichen,
du schleichst, sie schlich
der **Schleier**, die Schleier
die **Schleife**, die Schleifen
schleifen, du schleifst
der **Schleim**
schleimig
schlemmen, du schlemmst
schlendern, du schlenderst
schlenzen, du schlenzt
die **Schleppe**, die Schleppen
schleppen, du schleppst

Schleswig-Holstein
schleswig-holsteinisch
schleudern, du schleuderst
schleunigst
die **Schleuse**, die Schleusen
sie **schlich** - schleichen
schlicht
sie **schlief** - schlafen
schließen,
du schließt, er schloss
schließlich
schlimm
schlingen,
du schlingst, sie schlang
die **Schlingpflanze**
der **Schlitten**, die Schlitten
der **Schlittschuh**
der **Schlitz**, die Schlitze
das **Schlitzohr**
er **schloss** - schließen
das **Schloss**, die Schlösser
der **Schlosser**
die **Schlosserei**
schlottern, du schlotterst
die **Schlucht**, die Schluchten
schluchzen, du schluchzt
der **Schluck**, die Schlucke
schlucken, du schluckst
er **schlug** - schlagen
schlummern, du schlummerst
schlüpfen, du schlüpfst
das **Schlupfloch**,
die Schlupflöcher
schlurfen, du schlurfst
schlürfen, du schlürfst
der **Schluss**, die Schlüsse
der **Schlüssel**, die Schlüssel

S s

das **Schlüsselloch**, die Schlüssellöcher
schmackhaft
schmal
schmecken, du schmeckst
schmeicheln, du schmeichelst
schmeißen, du schmeißt, er schmiss
schmelzen, es schmilzt, es schmolz
der **Schmerz**, die Schmerzen
schmerzen, es schmerzt
schmerzhaft
der **Schmetterling**, die Schmetterlinge
der **Schmied**, die Schmiede
schmieren, du schmierst
der **Schmierfink**
es **schmilzt** - schmelzen
sich **schminken**, du schminkst dich
das **Schmirgelpapier**
er **schmiss** - schmeißen
schmökern, du schmökerst
schmollen, du schmollst
es **schmolz** - schmelzen
schmücken, du schmückst
das **Schmuckstück**
schmuggeln, du schmuggelst
schmunzeln, du schmunzelst
schmusen, du schmust
der **Schmutz**
schmutzig
der **Schnabel**, die Schnäbel

die **Schnake**, die Schnaken
die **Schnalle**, die Schnallen
schnalzen, du schnalzt
schnappen, du schnappst
der **Schnappschuss**, die Schnappschüsse
schnarchen, du schnarchst
schnattern, du schnatterst
schnaufen, du schnaufst
die **Schnauze**, die Schnauzen
sich **schnäuzen**, du schnäuzt dich
die **Schnecke**, die Schnecken
der **Schnee**
der **Schneeball**, die Schneebälle
die **Schneeflocke**
der **Schneemann**, die Schneemänner
schneeweiß
schneiden, du schneidest, sie schnitt
der **Schneider**
die **Schneiderin**
der **Schneidezahn**, die Schneidezähne
schneien, es schneit
schnell
schnippeln, du schnippelst
sie **schnitt** - schneiden
der **Schnittlauch**
die **Schnittwunde**
das **Schnitzel**, die Schnitzel
schnitzen, du schnitzt
der **Schnorchel**, die Schnorchel
schnorcheln, du schnorchelst
schnüffeln, du schnüffelst

S s

der **Schnuller**, die Schnuller
der **Schnupfen**
schnuppern, du schnupperst
die **Schnur**, die Schnüre
schnüren, du schnürst
der **Schnurrbart**, die Schnurrbärte
der **Schnürsenkel**, die Schnürsenkel
sie **schob** - schieben
der **Schock**, die Schocks
die **Schokolade**, die Schokoladen
die **Scholle**, die Schollen
schon
schön
schonen, du schonst
schöpfen, du schöpfst
der **Schornstein**
der **Schornsteinfeger**
er **schoss** - schießen
die **Schote**, die Schoten
schräg
die **Schramme**, die Schrammen
der **Schrank**, die Schränke
die **Schranke**, die Schranken
die **Schraube**, die Schrauben
schrauben, du schraubst
der **Schraubverschluss**, die Schraubverschlüsse
der **Schrebergarten**, die Schrebergärten
der **Schreck**
schrecklich
schreiben, er schreibt, sie schrieb
die **Schreibmaschine**
schreien, du schreist, sie schrie
der **Schreiner**
die **Schreinerin**
schreiten, du schreitest, er schritt
sie **schrie** - schreien
er **schrieb** - schreiben
die **Schrift**, die Schriften
er **schritt** - schreiten
der **Schritt**, die Schritte
der **Schrott**
schrubben, du schrubbst
die **Schubkarre**, die Schubkarren
die **Schublade**, die Schubladen
schubsen, du schubst
schüchtern
er **schuf** - schaffen
der **Schuft**
schuften, du schuftest
der **Schuh**, die Schuhe
die **Schuhcreme**, auch: die Schuhkreme oder die Schuhkrem
die **Schularbeiten**
der **Schulbus**, die Schulbusse
schuld
schuldig
die **Schule**, die Schulen
der **Schüler**
die **Schülerin**
das **Schuljahr**
die **Schulter**, die Schultern
schummeln, du schummelst
schunkeln, du schunkelst
die **Schuppe**, die Schuppen (Schuppen eines Fischs)

der **Schuppen**, die Schuppen (Geräteschuppen)
die **Schürze**, die Schürzen
der **Schuss**, die Schüsse
die **Schüssel**, die Schüsseln
der **Schuster**, die Schuster
der **Schutt**
schütteln, du schüttelst
schütten, du schüttest
der **Schutz**
das **Schutzblech**
der **Schütze**, die Schützen
schützen, du schützt
der **Schutzmann**, die Schutzleute
schwach, schwächer, am schwächsten
der **Schwager**, die Schwäger
die **Schwägerin**
die **Schwalbe**, die Schwalben
sie **schwamm** - schwimmen
der **Schwamm**, die Schwämme
der **Schwan**, die Schwäne
er **schwang** - schwingen
schwanger
die **Schwangerschaft**
schwanken, du schwankst
der **Schwanz**, die Schwänze
schwärmen, du schwärmst
schwarz, schwärzer, am schwärzesten
schwatzen, du schwatzt, auch: schwätzen
schweben, du schwebst
der **Schwede**
Schweden
die **Schwedin**

S s

schwedisch
schweigen, du schweigst, er schwieg
schweigsam
das **Schwein**, die Schweine
die **Schweinerei**, die Schweinereien
der **Schweiß**
die **Schweiz**
der **Schweizer**
die **Schweizerin**
schweizerisch
schwellen, es schwillt, es schwoll
schwenken, du schwenkst
schwer
schwerhörig
das **Schwert**, die Schwerter
die **Schwester**, die Schwestern
er **schwieg** - schweigen
schwierig
die **Schwierigkeit**, die Schwierigkeiten
es **schwillt** - schwellen
das **Schwimmbad**, die Schwimmbäder
schwimmen, du schwimmst, sie schwamm, ich bin geschwommen
die **Schwimmflosse**
schwindeln, du schwindelst
schwindlig, auch: schwindelig
schwingen, du schwingst, er schwang
schwitzen, du schwitzt
es **schwoll** - schwellen

S s

sie **schwor** - schwören
schwören,
du schwörst, sie schwor
schwül
der **Schwung**, die Schwünge
sechs, sechsmal
sechzehn
sechzig
die **See** (Meer)
der **See**, die Seen
(Enten auf dem See)
die **Seele**, die Seelen
der **Seemann**, die Seeleute
das **Segelboot**
segeln, du segelst
der **Segen**
sehen, er sieht, sie sah
die **Sehenswürdigkeit**
die **Sehne**, die Sehnen
sich **sehnen**, du sehnst dich
die **Sehnsucht**
sehnsüchtig
sehr
seicht
ihr **seid** - sein
die **Seide**, die Seiden
(eine Bluse aus Seide)
der **Seidenfaden**,
die Seidenfäden
die **Seife**, die Seifen
die **Seifenblase**
das **Seil**, die Seile
die **Seilbahn**
sein, du bist, sie war
sein, seine, seiner
seit (seit gestern)
seitdem

die **Seite**, die Seiten
(die Seite im Buch)
seitwärts
der **Sekretär**
das **Sekretariat**, die Sekretariate
die **Sekretärin**
der **Sekt**
die **Sekte**, die Sekten
die **Sekunde**, die Sekunden
sekundenlang
selber
selbst
der **Selbstlaut**
selbstständig
selbstverständlich
selig
selten
das **Selterswasser**
seltsam
das **Semester**, die Semester
das **Seminar**, die Seminare
die **Semmel**, die Semmeln
die **Semmelbrösel**
senden,
du sendest, er sandte
der **Sender**, die Sender
die **Sendung**, die Sendungen
der **Senf**
senkrecht
die **Senkrechte**, die Senkrechten
die **Sensation**, die Sensationen
sensationell
die **Sense**, die Sensen
der **Sensor**, die Sensoren
der **September**
die **Serie**, die Serien
die **Serpentine**, die Serpentinen

der **Service** (sprich: *sörwiss*)
servieren, du servierst
die **Serviette**, die Servietten
der **Sessel**, die Sessel
der **Sessellift**
sich **setzen**, du setzt dich
die **Seuche**, die Seuchen
seufzen, du seufzt
sexy
das **Shampoo** (sprich: *schampu*), die Shampoos
der **Sheriff**, die Sheriffs
die **Shorts**
die **Show**, die Shows
die **Shrimps**
sich
die **Sichel**, die Sicheln
sicher
der **Sicherheitsgurt**
die **Sicherung**, die Sicherungen
die **Sicht**
sichtbar
sie
das **Sieb**, die Siebe
sieben, du siebst (Mehl sieben)
sieben, siebenmal
siebzehn
siebzig
die **Siedlung**, die Siedlungen
der **Sieg**, die Siege
siegen, du siegst
der **Sieger**
die **Siegerehrung**
die **Siegerin**
du **siehst** - sehen

S s

das **Signal**, die Signale
die **Silbe**, die Silben
die **Silberhochzeit**
die **Silbermedaille** (sprich: *silbermedallje*)
silbern
das **Silo**, die Silos
der **Silvester**, auch: das Silvester
der **Silvesterabend**
simpel
sie **sind** - sein
singen, er singt, sie sang
der **Single**, die Singles
der **Singular**
sinken, du sinkst, er sank
der **Sinn**, die Sinne
die **Sirene**, die Sirenen
der **Sirup**
die **Situation**, die Situationen
der **Sitz**, die Sitze
sitzen, er sitzt, sie saß
die **Sitzung**, die Sitzungen
die **Skala**, die Skalen
das **Skateboard**, (sprich: *sketbord*), die Skateboards
das **Skelett**, die Skelette
der **Sketch**, die Sketche
der **Ski**, die Ski, auch: die Skier, auch: der Schi
die **Skizze**, die Skizzen
skizzieren, sie skizziert
der **Slalom**, die Slaloms
der **Slip**, die Slips
slowakisch

A B C D E F G H I J K L M N O P Qu R S

S s

die **Slowakische Republik**
der **Smog**
die **SMS** (Abkürzung für Short Message Service)
so
sobald
die **Socke**, die Socken
der **Sockel**, die Sockel
das **Sofa**, die Sofas
er **soff** - saufen
sofort
das **Softeis**
die **Software** (sprich: *softwär*)
sogar
sogleich
die **Sohle**, die Sohlen
der **Sohn**, die Söhne
die **Solarenergie**
solch, solche, solcher, solches
der **Soldat**, die Soldaten
sollen, du sollst
solo
der **Sommer**, die Sommer
die **Sommerferien**
die **Sommersprosse**
das **Sonderangebot**
die **Sonderfahrt**
sondern
der **Song**, die Songs
der **Sonnabend**, die Sonnabende
sonnabends
die **Sonne**
sich **sonnen**, du sonnst dich
der **Sonnenaufgang**

der **Sonnenbrand**
die **Sonnenfinsternis**
der **Sonnenuntergang**
sonnig
der **Sonntag**, die Sonntage
sonntags
sonst
sooft
der **Sopran**
sich **sorgen**, du sorgst dich
das **Sorgenkind**
sorgfältig
die **Sorte**, die Sorten
sortieren, du sortierst
SOS
die **Soße**, die Soßen
der **Sound** (sprich: *saunt*)
das **Souvenir** (sprich: *suweniir*), die Souvenirs
sowieso
sowohl
sozial
die **Spagetti**
die **Spalte**, die Spalten
spalten, du spaltest
der **Span**, die Späne
das **Spanferkel**
die **Spange**, die Spangen
Spanien
der **Spanier**
die **Spanierin**
spanisch
spannen, du spannst
spannend
die **Spannung**
sparen, du sparst
der **Spargel**, die Spargel

die **Sparkasse**
sparsam
der **Spaß**, die Späße
der **Spaßvogel**, die Spaßvögel
spät
der **Spaten**, die Spaten
spätestens
der **Spatz**, die Spatzen
spazieren, du spazierst
der **Spaziergang**,
die Spaziergänge
der **Specht**, die Spechte
der **Speck**
der **Speer**, die Speere
die **Speiche**, die Speichen
der **Speichel**
der **Speicher**, die Speicher
speichern, du speicherst
die **Speise**, die Speisen
die **Speisekarte**,
auch: die Speisenkarte
speisen, du speist
das **Spektakel**
die **Spende**, die Spenden
spenden, du spendest
spendieren, du spendierst
der **Sperling**, die Sperlinge
das **Sperma**, die Spermen,
auch: die Spermata
sperren, du sperrst
der **Sperrmüll**
sich **spezialisieren**,
du spezialisierst dich
der **Spezialist**
die **Spezialistin**
die **Spezialität**
spicken, du spickst

S s

der **Spickzettel**
der **Spiegel**, die Spiegel
spiegeln, er spiegelt
die **Spiegelschrift**
das **Spiel**, die Spiele
spielen, du spielst
der **Spielfilm**
der **Spielplatz**, die Spielplätze
die **Spielsachen**
das **Spielzeug**
der **Spieß**, die Spieße
der **Spinat**
spindeldürr
die **Spinne**, die Spinnen
der **Spion**
die **Spionin**
die **Spirale**, die Spiralen
der **Spiritus**
das **Spital**, die Spitäler
spitz
die **Spitze**, die Spitzen
spitzen, du spitzt
der **Spitzname**
der **Splitter**, die Splitter
der **Sport**
der **Sportler**
die **Sportlerin**
sportlich
der **Sportplatz**, die Sportplätze
der **Sportverein**
der **Spot**, die Spots
(ein Werbespot)
spottbillig
sie **sprach** - sprechen
die **Sprache**, die Sprachen
der **Sprachfehler**
sprachlos

S s

er **sprang** - springen
der **Spray**, auch: das Spray, die Sprays
sprechen, du sprichst, sie sprach
sprengen, du sprengst
du **sprichst** - sprechen
das **Sprichwort**, die Sprichwörter
sprießen, es sprießt, es spross
der **Springbrunnen**
springen, du springst, er sprang
die **Spritze**, die Spritzen
spritzen, du spritzt
es **spross** - sprießen
der **Spross**, die Sprossen (Weizensprossen)
die **Sprosse**, die Sprossen (Sprossen der Leiter)
der **Spruch**, die Sprüche
der **Sprudel**
sprudeln, es sprudelt
sprühen, du sprühst
der **Sprung**, die Sprünge
das **Sprungbrett**
die **Sprungschanze**
die **Spucke**
spucken, du spuckst (weit spucken)
der **Spuk**
spuken, es spukt (Zur Geisterstunde spukt es.)
die **Spukgeschichte**
die **Spüle**, die Spülen
spülen, du spülst
die **Spülmaschine**
die **Spur**, die Spuren
spüren, du spürst
spurlos
der **Staat**, die Staaten
staatlich
der **Stab**, die Stäbe
der **Stabhochsprung**
stabil
er **stach** - stechen
der **Stachel**, die Stacheln
stachlig, auch: stachelig
das **Stadion**, die Stadien
die **Stadt**, die Städte
der **Stadtplan**, die Stadtpläne
der **Stadtrat**, die Stadträte
die **Stadträtin**
die **Staffel**, die Staffeln
die **Staffelei**, die Staffeleien
der **Staffellauf**, die Staffelläufe
er **stahl** - stehlen
der **Stahl** (eine Klinge aus Stahl)
der **Stall**, die Ställe (ein Stall für Tiere)
der **Stamm**, die Stämme
der **Stammbaum**
stammeln, du stammelst
stampfen, du stampfst
sie **stand** - stehen
der **Stand**, die Stände
die **Stange**, die Stangen
der **Stängel**, die Stängel
es **stank** - stinken
stänkern, du stänkerst
der **Stapel**, die Stapel
stapeln, du stapelst
stapfen, du stapfst
der **Star**, die Stare (der Vogel)

der **Star**, die Stars
(der Fernsehstar)
er **starb** - sterben
stark, stärker, am stärksten
sich **stärken**, er stärkt sich
starr
starren, du starrst
der **Start**, die Starts
starten, du startest
die **Station**, die Stationen
statt
stattdessen
stattfinden,
es findet statt, es fand statt
die **Statue**, die Statuen
der **Stau**, die Staus,
auch: die Staue
der **Staub**
staubig
der **Staubsauger**
staunen, du staunst
das **Steak** (sprich: *stek*),
die Steaks
stechen,
du stichst, er stach
die **Stechmücke**
die **Steckdose**
stecken, du steckst
das **Steckenpferd**
die **Stecknadel**
der **Steg**, die Stege
stehen, er steht, sie stand
die **Stehlampe**
stehlen, du stiehlst, er stahl
der **Stehplatz**, die Stehplätze
steif
steigen, du steigst, sie stieg

S s

steil
der **Stein**, die Steine
der **Steinbruch**, die Steinbrüche
steinig
die **Stelle**, die Stellen
stellen, du stellst
der **Stellvertreter**
die **Stellvertreterin**
die **Stelze**, die Stelzen
der **Stempel**, die Stempel
stempeln, du stempelst
die **Steppe**, die Steppen
sterben, du stirbst, er starb
die **Stereoanlage**
der **Stern**, die Sterne
die **Sternschnuppe**
stets
das **Steuer**, die Steuer
(das Steuer des Autos)
die **Steuer**, die Steuern
(Steuern zahlen)
der **Steuermann**
steuern, du steuerst
du **stichst** - stechen
das **Stichwort**, die Stichwörter
sticken, du stickst
der **Sticker**, die Sticker
stickig
der **Stiefel**, die Stiefel
sie **stieg** - steigen
du **stiehlst** - stehlen
der **Stiel**, die Stiele (Besenstiel)
der **Stier**, die Stiere
sie **stieß** - stoßen
der **Stift**, die Stifte
still
der **Stille Ozean**

S s

die **Stimme**, die Stimmen
stimmen, es stimmt
die **Stimmgabel**
stinken, es stinkt, es stank
stinkfaul
du **stirbst** - sterben
die **Stirn**, auch: die Stirne, die Stirnen
das **Stirnband**, die Stirnbänder
stöbern, du stöberst
der **Stock**, die Stöcke (Spazierstock)
der **Stock**, auch: das Stockwerk, die Stockwerke (im 2.Stock wohnen)
stockdunkel
die **Stöckelschuhe**
der **Stoff**, die Stoffe
stöhnen, du stöhnst
stolpern, du stolperst
stolz
stolzieren, du stolzierst
STOP (auf Verkehrsschildern)
stopfen, du stopfst
stoppen, du stoppst
die **Stoppuhr**
der **Stöpsel**, die Stöpsel
der **Storch**, die Störche
stören, du störst
der **Störenfried**
die **Störung**, die Störungen
die **Story**, die Storys
der **Stoßdämpfer**, die Stoßdämpfer
stoßen, du stößt, sie stieß
du **stößt** - stoßen

stottern, du stotterst
die **Strafe**, die Strafen
der **Strafstoß**, die Strafstöße
der **Strafzettel**
der **Strahl**, die Strahlen
strahlend
die **Strähne**, die Strähnen
das **Strampelhöschen**
strampeln, du strampelst
der **Strand**, die Strände
die **Straße**, die Straßen
die **Straßenbahn**
die **Straßenkreuzung**
der **Straßenverkehr**
der **Strauch**, die Sträucher
der **Strauß**, die Sträuße
strebsam
die **Strecke**, die Strecken
sich **strecken**, du streckst dich
der **Streich**, die Streiche
streicheln, du streichelst
streichen, du streichst, er strich
das **Streichholz**, die Streichhölzer
streifen, du streifst
der **Streifen**, die Streifen
der **Streik**, die Streiks
streiken, du streikst
der **Streit**
streiten, du streitest, er stritt
streng
der **Stress**
streuen, du streust
streunen, du streunst
der **Streuselkuchen**

er **strich** - streichen
der **Strich**, die Striche
stricheln, du strichelst
der **Strichpunkt**
der **Strick**, die Stricke
stricken, du strickst
die **Strickleiter**
er **stritt** - streiten
das **Stroh**
der **Strohhalm**
der **Strolch**, die Strolche
der **Strom**, die Ströme
der **Stromkreis**
strömen, es strömt
die **Strömung**, die Strömungen
die **Strophe**, die Strophen
der **Strudel**, die Strudel
der **Strumpf**, die Strümpfe
die **Strumpfhose**
struppig
die **Stube**, die Stuben
das **Stück**, die Stücke
der **Student**
die **Studentin**
studieren, du studierst
das **Studium**
die **Stufe**, die Stufen
der **Stuhl**, die Stühle
stumm
der **Stummfilm**
stumpf
die **Stunde**, die Stunden
die **Stundenkilometer**
stundenlang
stupsen, du stupst
stur
der **Sturm**, die Stürme

stürmen, du stürmst
stürmisch
der **Sturz**, die Stürze
stürzen, du stürzt
der **Sturzhelm**
die **Stute**, die Stuten
stützen, du stützt
stutzig
das **Styropor**
das **Subjekt**, die Subjekte
das **Substantiv**, die Substantive
subtrahieren,
du subtrahierst
die **Subtraktion**,
die Subtraktionen
suchen, du suchst
süchtig
der **Süden**
südlich
die **Südsee**
die **Sultanine**, die Sultaninen
die **Sülze**, die Sülzen
der **Summand**, die Summanden
die **Summe**, die Summen
summen, du summst
der **Sumpf**, die Sümpfe
die **Sünde**, die Sünden
super
der **Supermarkt**,
die Supermärkte
die **Suppe**, die Suppen
das **Surfbrett** (sprich: *sörfbret*),
die Surfbretter
surfen (sprich: *sörfen*),
du surfst
süß
die **Süßigkeit**, die Süßigkeiten

A B C D E F G H I J K L M N O P Qu R S

A
B
C
D
E
F
G
H
I
J
K
L
M
N
O
P
Qu
R
S

S s

der **Swimmingpool**, die Swimmingpools

sympathisch

die **Szene**, die Szenen

T t

t (Abkürzung für Tonne)
der **Tabak**, die Tabake
die **Tabelle**, die Tabellen
das **Tablett**, die Tabletts (auf dem Tablett tragen)
die **Tablette**, die Tabletten (eine Tablette nehmen)
der **Tacho** (Abkürzung für Tachometer), die Tachos
tadeln, du tadelst
die **Tafel**, die Tafeln
der **Tag**, die Tage
tagelang
die **Tageszeit**
täglich
der **Takt**, die Takte
das **Tal**, die Täler
das **Talent**, die Talente
der **Talisman**, die Talismane
der **Talkmaster** (sprich: *tokmaster*), die Talkmaster
die **Talkshow** (sprich: *tokscho*), die Talkshows
das **Tamburin**, die Tamburine
das **Tandem**, die Tandems
der **Tank**, die Tanks
tanken, du tankst
der **Tankwart**
die **Tanne**, die Tannen
die **Tante**, die Tanten
der **Tanz**, die Tänze
tanzen, du tanzt
der **Tänzer**
die **Tänzerin**
die **Tapete**, die Tapeten
tapezieren, du tapezierst

tapfer
sich **tarnen**, du tarnst dich
die **Tasche**, die Taschen
der **Taschenrechner**
das **Taschentuch**, die Taschentücher
die **Tasse**, die Tassen
die **Tastatur**, die Tastaturen
die **Taste**, die Tasten
tasten, du tastest
er **tat** - tun
die **Tat**, die Taten
tätig
die **Tätigkeit**, die Tätigkeiten
die **Tatsache**, die Tatsachen
tatsächlich
die **Tatze**, die Tatzen
der **Tau** (Tau auf dem Gras)
das **Tau**, die Taue (am Tau ziehen)
taub
die **Taube**, die Tauben
die **Taubnessel**
tauchen, du tauchst
der **Taucheranzug**, die Taucheranzüge
tauen, es taut
die **Taufe**, die Taufen
taufen, du wirst getauft
tauschen, du tauschst
täuschen, du täuschst
tausend, tausende
das **Tauwetter**
das **Tauziehen**
das **Taxi**, die Taxis
das **Team** (sprich: *tiim*), die Teams
die **Technik**, die Techniken

A B C D E F G H I J K L M N O P Qu R S T

T t

der	**Techniker**
die	**Technikerin**
der	**Teddy**, die Teddys
der	**Teddybär**
der	**Tee**, die Tees
der	**Teer**
der	**Teich**, die Teiche (der Fischteich)
der	**Teig**, die Teige (der Brotteig)
	teilen, du teilst
der	**Teilnehmer**
die	**Teilnehmerin**
	teilweise
das	**Telefax**, die Telefaxe
das	**Telefon**, die Telefone
	telefonieren, du telefonierst
das	**Telegramm**, die Telegramme
das	**Teleskop**, die Teleskope
der	**Teller**, die Teller
der	**Tempel**, die Tempel
das	**Temperament**
die	**Temperatur**, die Temperaturen
das	**Tempo**, die Tempos, auch: die Tempi
das	**Tennis**
das	**Tennisspiel**
der	**Tenor**, die Tenöre
der	**Teppich**, die Teppiche
der	**Termin**, die Termine
das	**Terrarium**, die Terrarien
die	**Terrasse**, die Terrassen
der	**Terror**
der	**Test**, die Tests
das	**Testament**
	testen, du testest
	teuer
der	**Teufel**, die Teufel
der	**Text**, die Texte
das	**Theater**, die Theater
die	**Theke**, die Theken
das	**Thema**, die Themen, auch: die Themata
die	**Therapie**, die Therapien
das	**Thermometer**
das	**Thermostat**
der	**Thron**, die Throne
der	**Thunfisch**, auch: der Tunfisch
	Thüringen
der	**Tick**, die Ticks
	ticken, es tickt
das	**Ticket**, die Tickets
	tief
die	**Tiefe**
	tiefgekühlt
das	**Tier**, die Tiere
der	**Tierarzt**, die Tierärzte
der	**Tiger**, die Tiger
die	**Tinte**, die Tinten
der	**Tintenfisch**
der	**Tipp**, die Tipps (einen Tipp geben)
	tippen, du tippst
	tipptopp
der	**Tisch**, die Tische
die	**Tischdecke**
der	**Tischler**, die Tischler
das	**Tischtennis**
der	**Titel**, die Titel
der	**Toast**, die Toasts
	toben, du tobst
die	**Tochter**, die Töchter
der	**Tod**
	tödlich

T t

das **Tohuwabohu**
die **Toilette**, die Toiletten
tolerant
toll
der **Tollpatsch**
die **Tomate**, die Tomaten
die **Tombola**, die Tombolas
der **Ton**, die Tone (eine Figur aus Ton)
der **Ton**, die Töne (ein hoher Ton)
tönen, es tönt
die **Tonne**, die Tonnen
der **Topf**, die Töpfe
topfit
der **Tor** (der Tor im Märchen)
das **Tor**, die Tore (ein Tor schießen)
torkeln, du torkelst
der **Tornado**, die Tornados
die **Torte**, die Torten
der **Torwart**
tot
total
totenblass
totenstill
sich **totlachen**, du lachst dich tot
die **Tour**, die Touren
der **Tourist**
die **Touristin**
traben, du trabst
die **Tracht**, die Trachten
sie **traf** - treffen
der **Trafo**, die Trafos
träg, auch: träge
tragen, er trägt, sie trug
tragisch
du **trägst** - tragen
der **Trainer** (sprich: *träner*)
die **Trainerin** (sprich: *tränerin*)
trainieren (sprich: *träniiren*), du trainierst
das **Training** (sprich: *träning*), die Trainings
der **Traktor**, die Traktoren, auch: der Trecker
die **Tram**, auch: die Trambahn
trampeln, du trampelst
trampen (sprich: *trämpen*), du trampst
das **Trampolin**, die Trampolins
die **Träne**, die Tränen
sie **trank** - trinken
transportieren, du transportierst
er **trat** - treten
die **Traube**, die Trauben
der **Traubenzucker**
sich **trauen**, du traust dich
trauern, du trauerst
der **Traum**, die Träume
träumen, du träumst
traurig
der **Trecker**, die Trecker, auch: der Traktor
treffen, er trifft, sie traf
der **Treffer**, die Treffer
der **Treffpunkt**
treiben, du treibst, er trieb
trennen, du trennst
die **Treppe**, die Treppen
der **Tresor**, die Tresore
treten, du trittst, er trat
treu
die **Treue**
der **Triangel**

T t

die **Tribüne**, die Tribünen
der **Trichter**, die Trichter
der **Trick**, die Tricks
tricksen, du trickst
er **trieb** - treiben
du **triffst** - treffen
das **Trikot**, die Trikots
trillern, du trillerst
der **Trimm-dich-Pfad**
trinken, du trinkst, sie trank
das **Trinkwasser**
das **Trio**
trippeln, du trippelst
du **trittst** - treten
trocken
trocknen, du trocknest
trödeln, du trödelst
die **Trommel**, die Trommeln
trommeln, du trommelst
die **Trompete**, die Trompeten
tröpfeln, es tröpfelt
tropfen, es tropft
der **Tropfen**, die Tropfen
tropfnass
die **Tropfsteinhöhle**
trösten, du tröstest
der **Trottel**
trotz
trotzdem
der **Trotzkopf**, die Trotzköpfe
trüb, auch: trübe
der **Trubel**
er **trug** - tragen
die **Truhe**, die Truhen
die **Trümmer**
der **Truthahn**
die **Tschechische Republik**

tschüs, auch: tschüss
das **T-Shirt** (sprich: *tiischört*), die T-Shirts
die **Tube**, die Tuben
das **Tuch**, die Tücher
tüchtig
tückisch
tüfteln, du tüftelst
die **Tulpe**, die Tulpen
sich **tummeln**, du tummelst dich
der **Tumor**, die Tumore
der **Tümpel**, die Tümpel
tun, du tust, er tat
der **Tuner** (sprich: *tjuner*), die Tuner
der **Tunfisch**, die Tunfische
der **Tunnel**, die Tunnel, auch: die Tunnels
das **Tunwort**, auch: Tuwort
die **Tür**, die Türen
der **Turban**, die Turbane
die **Turbine**, die Turbinen
der **Türke**
die **Türkei**
die **Türkin**
türkis
türkisch
die **Türklinke**
der **Turm**, die Türme
turnen, du turnst
der **Turner**
die **Turnerin**
die **Turnhalle**, die Turnhallen
das **Turnier**, die Turniere
der **Turnschuh**, die Turnschuhe
die **Tusche**, die Tuschen
tuscheln, du tuschelst
die **Tüte**, die Tüten

tuten, du tutest
der **TÜV**
(Abkürzung für Technischer Überwachungs-Verein)
TV (Abkürzung für Tele-Vision)
der **Typ**, die Typen (So ein Typ!)
typisch

T t

A
B
C
D
E
F
G
H
I
J
K
L
M
N
O
P
Qu
R
S
T

die **U-Bahn**, die U-Bahnen
übel
üben, er übt
über
Über
über
überall
überdurchschnittlich
übereinander
überfahren,
du überfährst, er überfuhr
überfallen,
du überfällst, sie überfiel
übergeben,
du übergibst, er übergab
überhaupt
überholen, du überholst
überlegen, du überlegst
überlisten, du überlistest
übermorgen
der **Übermut**
übermütig
übernachten, du übernachtest
übernehmen,
du übernimmst, sie übernahm
überprüfen, du überprüfst
überqueren, du überquerst
überraschen, du überraschst
überrascht
überreden, du überredest
der **Überschlag**, die Überschläge
die **Überschrift**, die Überschriften
die **Überschwemmung**
übersehen,
du übersiehst, sie übersah
übersetzen, du übersetzt
die **Überstunde**, die Überstunden

U u

übertreten,
du übertrittst, er übertrat
überzeugen, du überzeugst
üblich
das **U-Boot**, die U-Boote
übrig
übrigens
die **Übung**, die Übungen
das **Ufer**, die Ufer
das **Ufo**, die Ufos
die **Uhr**, die Uhren
die **Uhrzeit**
der **Uhu**, die Uhus
ulkig
um
Um
um
umdrehen,
du drehst dich um
umfallen,
du fällst um, sie fiel um
der **Umfang**, die Umfänge
die **Umfrage**, die Umfragen
die **Umgebung**, die Umgebungen
umgekehrt
der **Umhang**, die Umhänge
umher
umkehren, du kehrst um
umkippen, du kippst um
der **Umlaut**, die Umlaute
die **Umleitung**, die Umleitungen
der **Umschlag**, die Umschläge
umso
umsonst
umständlich
umtauschen, du tauschst um
der **Umweg**, die Umwege

U u

die **Umwelt**
der **Umweltschutz**
umziehen,
du ziehst um, sie zog um
un ▢
Un ▢
unausstehlich
unbedingt
unbequem
und
undeutlich
unendlich
unentschieden
unentwegt
unerwartet
unfähig
unfair (sprich: *unfär*)
der **Unfall**, die Unfälle
der **Unfug**
ungarisch
Ungarn
ungefähr
das **Ungeheuer**, die Ungeheuer
ungerade
ungestüm
das **Ungeziefer**
ungezogen
unglaublich
das **Unglück**, die Unglücksfälle
unglücklich
unheimlich
die **Uniform**, die Uniformen
die **Universität**, die Universitäten
unklar
das **Unkraut**, die Unkräuter
unmöglich
das **Unrecht**

unruhig
uns
unschuldig
unser, unsere
der **Unsinn**
unten
unter ▢
Unter ▢
unter
die **Unterbrechung**
unterdessen
untereinander
untergehen,
du gehst unter, er ging unter
sich **unterhalten**,
du unterhältst dich,
sie unterhielt sich
der **Unterkiefer**
der **Unterricht**
unterscheiden,
du unterscheidest,
sie unterschied
der **Unterschied**, die Unterschiede
die **Unterschrift**
untersuchen, du untersuchst
die **Unterwäsche**
unterwegs
unvernünftig
unverschämt
das **Unwetter**, die Unwetter
unzählig
üppig
uralt
der **Urenkel**
die **Urenkelin**
die **Urgroßeltern**
der **Urin**

die **Urkunde**, die Urkunden
der **Urlaub**, die Urlaube
die **Ursache**, die Ursachen
das **Urteil**, die Urteile
urteilen, du urteilst
der **Urwald**, die Urwälder
USA (Abkürzung für United States of America)
die **UV-Strahlen**

U u

A
B
C
D
E
F
G
H
I
J
K
L
M
N
O
P
Qu
R
S
T
U

V v

vag, auch: vage
die **Vagina**
der **Vampir**, die Vampire
der **Vanillepudding**
die **Vase**, die Vasen
der **Vater**, die Väter
das **Vaterland**
das **Vaterunser**
der **Vegetarier**
die **Vegetarierin**
das **Vehikel**, die Vehikel
das **Veilchen**, die Veilchen
die **Vene**, die Venen
das **Ventil**, die Ventile
der **Ventilator**, die Ventilatoren

ver [ ]
Ver [ ]

sich **verabreden**, du verabredest dich
sich **verabschieden**, du verabschiedest dich
verachten, du verachtest
die **Veranda**, die Veranden
die **Veranstaltung**, die Veranstaltungen
verantwortlich
das **Verb**, die Verben
er **verband** - verbinden
der **Verband**, die Verbände
der **Verbandskasten**, die Verbandskästen
er **verbarg** - verbergen
verbergen, du verbirgst, er verbarg
verbessern, du verbesserst
verbieten, du verbietest, ich verbot
verbinden, du verbindest, er verband
du **verbirgst** - verbergen
sie **verbot** - verbieten
das **Verbot**, die Verbote
verbrauchen, du verbrauchst
der **Verbrecher**
verbrennen, es verbrennt, es verbrannte
der **Verdacht**
verdächtigen, du verdächtigst
verdammt
es **verdarb** - verderben
verdauen, du verdaust
verderben, es verdirbt, es verdarb
verdienen, du verdienst
es **verdirbt** - verderben
verdoppeln, du verdoppelst
verdorben
verdorrt
verdunkeln, du verdunkelst
verdunsten, es verdunstet
die **Verdunstung**
verdutzt
der **Verein**, die Vereine
vereinen, er vereint
vereinbaren, du vereinbarst
sich **verfahren**, du verfährst dich
du **verfährst** dich - sich verfahren
verflixt
verfolgen, du verfolgst
sie **vergab** - vergeben
die **Vergangenheit**
er **vergaß** - vergessen
vergeben, du vergibst, sie vergab

V v

vergebens
vergeblich
vergehen,
es vergeht, es verging
vergessen,
du vergisst, ich vergaß
vergesslich
vergeuden, du vergeudest
du vergibst - vergeben
es verging - vergehen
das Vergissmeinnicht
du vergisst - vergessen
vergleichen,
du vergleichst, sie verglich
sie verglich - vergleichen
das Vergnügen
vergnügt
die Vergrößerung,
die Vergrößerungen
verhaften, er wird verhaftet
sich verhalten, du verhältst dich,
sie verhielt sich
das Verhältniswort,
die Verhältniswörter
du verhältst dich - sich verhalten
verheimlichen,
du verheimlichst
verheiratet
verhext
sie verhielt sich - sich verhalten
verhindern, du verhinderst
verhungern, du verhungerst
sich verirren, du verirrst dich
verkaufen, du verkaufst
der Verkäufer
die Verkäuferin
der Verkehr
das Verkehrschaos
der Verkehrsunfall,
die Verkehrsunfälle
das Verkehrszeichen
verkehrt
sich verkleiden, du verkleidest dich
verkrampft
sich verkriechen,
du verkriechst dich
der Verlag, die Verlage
verlangen, du verlangst
verlassen,
du verlässt, sie verließ
du verlässt - verlassen
sich verlaufen,
du verläufst dich, er verlief sich
du verläufst dich - sich verlaufen
verleihen,
du verleihst, sie verlieh
verletzen, du verletzt
sich verletzen, du verletzt dich
die Verletzung, die Verletzungen
sich verlieben, du verliebst dich
er verlief sich - sich verlaufen
sie verlieh - verleihen
verlieren,
du verlierst, ich verlor
sie verließ - verlassen
die Verlobung
er verlor - verlieren
verloren
die Verlosung, die Verlosungen
der Verlust
vermehren, du vermehrst
vermeiden,
du vermeidest, sie vermied
sie vermied - vermeiden

V v

vermieten, du vermietest
vermissen, du vermisst
das **Vermögen**
vermuten, du vermutest
vermutlich
vernünftig
verpacken, du verpackst
die **Verpackung**, die Verpackungen
verpassen, du verpasst
verpetzen, du verpetzt
der **Verputz**
verraten, du verrätst, er verriet
du **verrätst** - verraten
sich **verrechnen**, du verrechnest dich
verreisen, du verreist
verrenken, du verrenkst
er **verriet** - verraten
verrückt
der **Vers**, die Verse (Verse im Gedicht)
versagen, du versagst
die **Versammlung**
das **Versandhaus**, die Versandhäuser
die **Versandkosten**
versäumen, du versäumst
verschenken, du verschenkst
verscheuchen, du verscheuchst
verschieden
verschlafen, du verschläfst, sie verschlief
du **verschläfst** - verschlafen
sie **verschlief** - verschlafen
verschließen, du verschließt, er verschloss
er **verschloss** - verschließen
verschmutzen, er verschmutzt
die **Verschmutzung**
sie **verschwand** - verschwinden
verschwenden, du verschwendest
verschwinden, du verschwindest, sie verschwand
verschwitzt
versehentlich
die **Versicherung**, die Versicherungen
versickern, es versickert
sich **versöhnen**, du versöhnst dich
sich **verspäten**, er verspätet sich
verspätet
die **Verspätung**, die Verspätungen
er **versprach** - versprechen
versprechen, du versprichst, er versprach
du **versprichst** - versprechen
sie **verstand** - verstehen
der **Verstand**
verständlich
verstauchen, du verstauchst
das **Versteck**, die Verstecke
verstecken, du versteckst
verstehen, du verstehst, sie verstand
versuchen, du versuchst
vertauschen, du vertauschst
verteidigen, du verteidigst
der **Verteidiger**, die Verteidiger
der **Vertrag**, die Verträge

V v

sich **vertragen**, du verträgst dich, er vertrug sich
du **verträgst** dich - sich vertragen
vertrauen, du vertraust
vertraulich
verträumt
der **Vertreter**
die **Vertreterin**
er **vertrug** sich - sich vertragen
verurteilen, du verurteilst
vervielfachen, du vervielfachst
sich **verwandeln**, du verwandelst dich
verwandt
die **Verwandten**
die **Verwandtschaft**
verwechseln, du verwechselst
der **Verweis**, die Verweise
verwelken, sie verwelkt
verwirrt
verwöhnen, du verwöhnst
verwundert
verzaubern, du verzauberst
verzaubert
verzehren, du verzehrst
das **Verzeichnis**, die Verzeichnisse
verzeihen, du verzeihst, er verzieh
verzichten, du verzichtest
er **verzieh** - verzeihen
verzieren, du verzierst
verziert
verzweifeln, du verzweifelst
verzwickt
vespern, du vesperst
der **Vetter**, die Vettern
das **Video**, die Videos
der **Videoclip**, die Videoclips
der **Videorekorder**, auch: der Videorecorder
die **Videothek**
das **Vieh**
viel, mehr, am meisten
vielfach
vielleicht
vier, viermal
das **Viereck**
vierzehn
vierzig
die **Villa**, die Villen
violett
die **Violine**, die Violinen
die **Viper**, die Vipern
der **Virus**, auch: das Virus, die Viren
das **Visum**, die Visa, auch: die Visen
vital
das **Vitamin**, die Vitamine
der **Vogel**, die Vögel
die **Vokabel**, die Vokabeln
der **Vokal**, die Vokale
das **Volk**, die Völker
voll
der **Volleyball**, die Volleybälle
völlig
vollkommen
vollständig
vollzählig
voltigieren, du voltigierst
vom (von dem)
von
voneinander
vor
Vor
vor

V v

voran
voraus
voraussichtlich
vorbei
vorbeikommen, du kommst vorbei, er kam vorbei
vorbereiten, du bereitest vor
das **Vorbild**, die Vorbilder
voreinander
vorerst
die **Vorfahren**
die **Vorfahrt**
das **Vorfahrtzeichen**
vorgestern
vorhanden
der **Vorhang**, die Vorhänge
vorher
vorhin
vorige, voriger
vorläufig
vorlaut
vorlesen, du liest vor, sie las vor
vormachen, du machst vor
der **Vormittag**, die Vormittage
vormittags
vorn, auch: vorne
der **Vorname**, die Vornamen
vornehm
vornüber
der **Vorort**, die Vororte
der **Vorrat**, die Vorräte
vorsagen, du sagst vor
der **Vorsatz**, die Vorsätze
der **Vorschlag**, die Vorschläge
vorschlagen, du schlägst vor, er schlug vor
die **Vorschrift**, die Vorschriften
die **Vorsicht**
vorsichtig
die **Vorsilbe**, die Vorsilben
der **Vorsprung**, die Vorsprünge
der **Vorstand**, die Vorstände
vorstellen, du stellst vor
die **Vorstellung**, die Vorstellungen
der **Vorteil**, die Vorteile
der **Vortrag**, die Vorträge
vorüber
die **Vorwahl**
vorwärts
vorwiegend
der **Vorwurf**, die Vorwürfe
der **Vulkan**, die Vulkane

W w

die **Waage**, die Waagen
waagrecht,
auch: waagerecht
die **Wabe**, die Waben
wach
wachen, du wachst
das **Wachs**
wachsam
wachsen,
du wächst, ich wuchs
du **wächst** - wachsen
wackeln, du wackelst
die **Wade**, die Waden
der **Wadenkrampf**,
die Wadenkrämpfe
die **Waffe**, die Waffen
die **Waffel**, die Waffeln
wagen, du wagst
der **Wagen**, die Wagen
der **Waggon**, die Waggons
auch: der Wagon,
die Wagons
waghalsig
die **Wahl**, die Wahlen
wählen, du wählst
wahnsinnig
wahr
(eine wahre Geschichte)
während
die **Wahrheit**, die Wahrheiten
wahrscheinlich
die **Waise**, die Waisen
der **Wal**, die Wale
der **Wald**, die Wälder
der **Walkman** (sprich: *wokmän*),
die Walkmans,
auch: die Walkmen

die **Wallfahrt**, die Wallfahrten
die **Walnuss**, die Walnüsse
walzen, du walzt
wälzen, du wälzt
die **Wand**, die Wände
der **Wanderer**, die Wanderer
wandern, du wanderst
die **Wanderung**,
die Wanderungen
sie **wandte an** - anwenden
die **Wange**, die Wangen
wann
die **Wanne**, die Wannen
das **Wappen**, die Wappen
ich **war** - sein (Ich war im Haus.)
sie **warb** - werben
die **Ware**, die Waren
sie **warf** - werfen
warm, wärmer,
am wärmsten
die **Wärme**
das **Warndreieck**
warnen, du warnst
warten, du wartest
der **Wärter**, die Wärter
das **Wartezimmer**
warum
die **Warze**, die Warzen
was
die **Wäsche**
die **Wäscheleine**
waschen,
er wäscht, sie wusch
der **Waschlappen**
die **Waschmaschine**
du **wäschst** - waschen
das **Wasser**

W w

der **Wasserhahn**, die Wasserhähne
waten, du watest
watscheln, du watschelst
die **Watte**
das **WC**
weben, du webst
der **Webrahmen**
das **Wechselgeld**
wechseln, du wechselst
wecken, du weckst
der **Wecker**, die Wecker
wedeln, du wedelst
weder
weg
der **Weg**, die Wege
wegen
wegfahren, du fährst weg, sie fuhr weg
weggehen, du gehst weg, sie ging weg
weglaufen, du läufst weg, er lief weg
wegnehmen, du nimmst weg, sie nahm weg
der **Wegweiser**
wegwerfen, du wirfst weg, er warf weg
wehen, er weht
wehleidig
der **Wehrdienst**
sich **wehren**, du wehrst dich
weiblich
weich
die **Weiche**, die Weichen
die **Weide**, die Weiden
sich **weigern**, du weigerst dich

weihen
der **Weiher**, die Weiher
Weihnachten
die **Weihnachtszeit**
das **Weihwasser**
weil
die **Weile**
der **Wein**, die Weine
weinen, du weinst
die **Weinlese**
der **Weinstock**, die Weinstöcke
die **Weintraube**
weise (klug und weise)
weiß (weiße Farbe)
ich **weiß** - wissen
du **weißt** - wissen
weit
weiter
weiterfahren, du fährst weiter, sie fuhr weiter
weitergehen, du gehst weiter, er ging weiter
der **Weitsprung**
der **Weizen**
welch, welche, welcher, welches
welk
die **Welle**, die Wellen
der **Wellensittich**
der **Welpe**, die Welpen
die **Welt**
das **Weltall**
der **Weltmeister**
die **Weltmeisterschaft**
der **Weltraum**
wem
wen

W w

die **Wende**
wenden, du wendest
wenig
wenigstens
wenn
wer
werben, du wirbst, sie warb
die **Werbung**
werden, er wird, sie wurde
werfen, du wirfst, sie warf
die **Werft**, die Werften
das **Werk**, die Werke
die **Werkstatt**, die Werkstätten
der **Werktag**
werktags
das **Werkzeug**
wert
der **Wert**, die Werte
wertvoll
wesentlich
die **Weser**
weshalb
die **Wespe**, die Wespen
die **Weste**, die Westen
der **Westen**
der **Western**
westfälisch
westlich
die **Wette**, die Wetten
wetten, du wettest
das **Wetter**
der **Wetterbericht**
die **Wettervorhersage**
der **Wettkampf**, die Wettkämpfe
das **Wettrennen**
wetzen, du wetzt
der **Wicht**, die Wichte

wichtig
wickeln, du wickelst
wider (gegen)
widerlich
die **Widerrede**, die Widerreden
widersprechen,
du widersprichst,
sie widersprach
wie
wieder (nochmal)
wiederholen,
du wiederholst
auf **Wiedersehen**
die **Wiege**, die Wiegen
wiegen, du wiegst, er wog
wiehern, du wieherst
die **Wiese**, die Wiesen
wieso
wild (das wilde Tier)
ich **will** - wollen
willkommen
du **willst** - wollen
wimmeln, es wimmelt
wimmern, du wimmerst
der **Wimpel**, die Wimpel
die **Wimper**, die Wimpern
der **Wind**, die Winde
die **Windel**, die Windeln
die **Windjacke**
die **Windschutzscheibe**
der **Winkel**, die Winkel
der **Winkelmesser**
winken, du winkst
winseln, du winselst
der **Winter**
winterlich
der **Winterschlaf**

A B C D E F G H I J K L M N O P Qu R S T U V W

W w

der **Winzer**
die **Winzerin**
winzig
der **Wipfel**, die Wipfel
die **Wippe**, die Wippen
wippen, du wippst
wir
der **Wirbel**, die Wirbel
die **Wirbelsäule**
du **wirbst** - werben
es **wird** - werden
du **wirfst** - werfen
wirken, du wirkst
wirklich
wirr
der **Wirsing**
du **wirst** - werden
der **Wirt**
die **Wirtin**
die **Wirtschaft**
das **Wirtshaus**, die Wirtshäuser
wischen, du wischst
wispern, du wisperst
wissen,
ich weiß, sie wusste
wittern, er wittert
die **Witterung**
die **Witwe**
der **Witwer**
der **Witz**, die Witze
der **Witzbold**
witzig
wo
woanders
wobei
die **Woche**, die Wochen
wochenlang
wöchentlich
wofür
er **wog** - wiegen
woher
wohin
wohl
wohlhabend
wohnen, du wohnst
wohnlich
der **Wohnort**, die Wohnorte
die **Wohnung**, die Wohnungen
der **Wohnwagen**
das **Wohnzimmer**
der **Wolf**, die Wölfe
die **Wolke**, die Wolken
wolkig
die **Wolle**
wollen, er will
womit
woraus
das **Wort**, die Wörter
das **Wörterbuch**,
die Wörterbücher
die **Wortfamilie**
wörtlich
worüber
wozu
das **Wrack**, die Wracks
er **wuchs** - wachsen
wuchtig
wühlen, du wühlst
wund
die **Wunde**, die Wunden
das **Wunder**, die Wunder
wunderbar
sich **wundern**,
du wunderst dich

der **Wunsch**, die Wünsche
wünschen, du wünschst
er **wurde** - werden
der **Wurf**, die Würfe
der **Würfel**, die Würfel
würfeln, du würfelst
der **Wurm**, die Würmer
wurmstichig
die **Wurst**, die Würste
das **Würstchen**, die Würstchen
württembergisch
die **Wurzel**, die Wurzeln
würzen, du würzt
sie **wusch** - waschen
wuschlig, auch: wuschelig
sie **wusste** - wissen
die **Wüste**, die Wüsten
die **Wut**
wütend

W w

A
B
C
D
E
F
G
H
I
J
K
L
M
N
O
P
Qu
R
S
T
U
V
W

X x

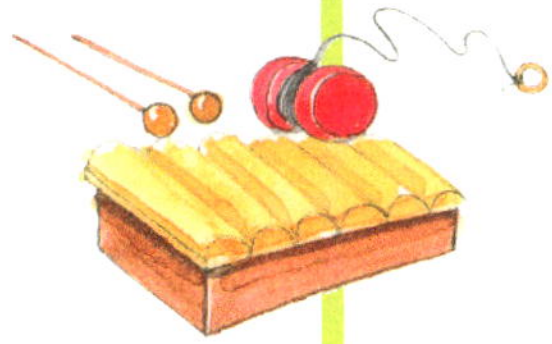

Y y

die **X-Beine**
x-beinig, auch: X-beinig
x-beliebig
x-fach
x-mal
das **Xylofon**, die Xylofone

die **Yacht**, die Yachten, auch: die Jacht
das **Yoga**, auch: der Yoga, auch: Joga
das **Ypsilon**, die Ypsilons

Z z

die **Zacke**, die Zacken
zaghaft
zäh
zähflüssig
die **Zahl**, die Zahlen
zahlen, du zahlst
zählen, du zählst
zahllos
zahlreich
das **Zahlwort**, die Zahlwörter
zahm
der **Zahn**, die Zähne
der **Zahnarzt**, die Zahnärzte
die **Zahnärztin**
die **Zahnbürste**
die **Zahnpasta**, auch: die Zahnpaste, die Zahnpasten
der **Zahnschmerz**
die **Zange**, die Zangen
sich **zanken**, du zankst dich
das **Zäpfchen**, die Zäpfchen
zapfen, du zapfst
der **Zapfen**, die Zapfen
die **Zapfsäule**, die Zapfsäulen
zappeln, du zappelst
zapplig, auch: zappelig
zart
zärtlich
die **Zauberei**, die Zaubereien
der **Zauberer**, auch: der Zaubrer
die **Zauberin**, auch: die Zaubrerin
zaubern, du zauberst
der **Zaun**, die Zäune
z. B. (Abkürzung für zum Beispiel)
das **Zebra**, die Zebras
der **Zebrastreifen**
die **Zecke**, die Zecken
der **Zeh**, auch: die Zehe, die Zehen
die **Zehenspitze**
zehn, zehnmal
das **Zeichen**, die Zeichen
der **Zeichenblock**, die Zeichenblocks
zeichnen, du zeichnest
die **Zeichnung**, die Zeichnungen
der **Zeigefinger**
zeigen, er zeigt
die **Zeile**, die Zeilen
die **Zeit**, die Zeiten
die **Zeitschrift**, die Zeitschriften
die **Zeitung**, die Zeitungen
der **Zeitvertreib**
das **Zeitwort**, die Zeitwörter
die **Zelle**, die Zellen
das **Zelt**, die Zelte
zelten, du zeltest
der **Zement**
zensieren, du zensierst
die **Zensur**, die Zensuren
der **Zentimeter**, die Zentimeter
der **Zentner**, die Zentner
zentral
die **Zentrale**, die Zentralen
der **Zeppelin**, die Zeppeline

zer
Zer

sie **zerbrach** - zerbrechen
zerbrechen, du zerbrichst, sie zerbrach
du **zerbrichst** - zerbrechen
zerfetzt
zerknirscht

Z z

zerknüllt
zerquetschen, du zerquetschst
zerreißen, du zerreißt, er zerriss
zerren, du zerrst
er **zerriss** - zerreißen
die **Zerrung**
zerschmettern, du zerschmetterst
zerstören, du zerstörst
zerzaust
zetern, du zeterst
der **Zettel**, die Zettel
der **Zeuge**
die **Zeugin**
das **Zeugnis**, die Zeugnisse
zickzack
die **Ziege**, die Ziegen
der **Ziegel**, die Ziegel
ziehen, du ziehst, sie zog
die **Ziehharmonika**, die Ziehharmonikas
das **Ziel**, die Ziele
zielen, du zielst
ziemlich
sich **zieren**, du zierst dich
zierlich
die **Ziffer**, die Ziffern
die **Zigarette**, die Zigaretten
die **Zigarre**, die Zigarren
der **Zigeuner**
die **Zigeunerin**
das **Zimmer**, die Zimmer
zimperlich
der **Zimt**
der **Zins**, die Zinsen

die **Zipfelmütze**, die Zipfelmützen
zirka, auch: circa
der **Zirkus**, die Zirkusse
zirpen, es zirpt
zischen, du zischst
die **Zitrone**, die Zitronen
zittern, du zitterst
die **Zitze**, die Zitzen
der **Zivi**, die Zivis (Abkürzung für Zivildienstleistender)
sie **zog** - ziehen
zögern, du zögerst
der **Zoll**, die Zölle
der **Zoo**, die Zoos
der **Zopf**, die Zöpfe
der **Zorn**
zornig
zottlig, auch: zottelig

zu
Zu

zu
zuallererst
das **Zubehör**
züchten, du züchtest
zucken, du zuckst
der **Zucker**
die **Zudecke**, die Zudecken
zudecken, du deckst zu
zueinander
zuerst
die **Zufahrt**, die Zufahrten
der **Zufall**, die Zufälle
zufällig
zufrieden
zufrieren, es friert zu, es fror zu

Z z

der **Zug**, die Züge
zugeben,
du gibst zu, er gab zu
der **Zügel**, die Zügel
zugleich
zu Haus, auch: zu Hause
zuhören, du hörst zu
der **Zuhörer**, die Zuhörer
die **Zukunft**
zukünftig
zuletzt
zuliebe
zum (zu dem)
zumachen, du machst zu
zum Beispiel
zumeist
zumindest
zumuten, du mutest zu
zunächst
der **Zuname**, die Zunamen
zündeln, du zündelst
das **Zündholz**, die Zündhölzer
zünftig
die **Zunge**, die Zungen
zupfen, du zupfst
zur (zu der)
zurück
zurückgehen, du gehst
zurück, sie ging zurück
zurückkommen, du kommst
zurück, er kam zurück
zusammen
zusätzlich
zuschauen, du schaust zu
der **Zuschauer**
die **Zuschauerin**
die **Zutaten**

zutraulich
zuverlässig
zu viel
zuvor
zu wenig
zuwider
er **zwang** - zwingen
sich **zwängen**, du zwängst dich
zwanzig
zwar
der **Zweck**
zweckmäßig
zwei, zweimal
zweierlei
zweifach
zweifeln, du zweifelst
der **Zweig**, die Zweige
das **Zwerchfell**
der **Zwerg**, die Zwerge
die **Zwetsche**, die Zwetschen,
auch: die Zwetschge
oder die Zwetschke
zwicken, du zwickst
der **Zwieback**
die **Zwiebel**, die Zwiebeln
der **Zwilling**, die Zwillinge
zwingen,
du zwingst, er zwang
der **Zwinger**, die Zwinger
zwinkern, du zwinkerst
der **Zwirn**
zwischen
zwischendurch
zwitschern, du zwitscherst
zwölf, zwölfmal
der **Zylinder**, die Zylinder
zynisch

A B C D E F G H I J K L M N O P Qu R S T U V W XY Z

Wörter aus anderen Sprachen

a

äkschn	die **Action**

b

bänt	die **Band**
bebi	das **Baby**
beesch	**beige**
blamaasche	die **Blamage**

d

dschiins	die **Jeans**
dschiip	der **Jeep**
dschoggen	**joggen**
dschoker	der **Joker**
dschop	der **Job**

e

eds	das **Aids**
etaasche	die **Etage**

f

fän	der **Fan**
fänklub	der **Fanclub**
fär	**fair**
faastfut	das **Fastfood**
faul	das **Foul**
frissbi	das **Frisbee**

g

gäg	der **Gag**
gäimboi	der **Gameboy**
gängster	der **Gangster**
grepfruut	die **Grapefruit**

h

haatwär	die **Hardware**
händi	das **Handy**
häppi	**happy**

i

iemeel	die **E-Mail**
inleinsketer	der **Inlineskater**
inleinsketerin	der **Inlineskaterin**
inschenjör	der **Ingenieur**
inschenjörin	die **Ingenieurin**

k

kätschen	**catchen**
kauboi	der **Cowboy**
kauntdaun	der **Count-down**
kautsch	die **Couch**
kickbord	das **Kickboard**
klaun	der **Clown**
klike	die **Clique**
kluu	der **Clou**
körri	das **Curry**
körriwurst	die **Currywurst**
kusäng	der **Cousin**
kuul	**cool**
kuwär	das **Kuvert**